JN310098

美セレブ12人のBEAUTYレシピ

美容は生きかた。

はじめに

「美しい」とはなんと心地よい響きでしょう。この言葉の響きは多くの人々を魅了します。それは、なぜでしょうか？　どのような場面で、どのような対象に使われるにせよ、「美しい」という言葉にはポジティブなパワーが満ち溢れているからではないでしょうか。

人々の価値基準は時代とともに変化していきます。それは「美の基準」においても、例外ではありません。美を構成する要素として、ヘアスタイル、ファッション、メイク、ボディラインなどが挙げられますが、これらは時代とともに移り変わり、普遍的なものとはいえません。

しかし普遍的なものも存在します。その人の持つ表情やしぐさです。理想的な容姿の女性であっても心が荒んでいれば、自然と表情やしぐさに表れてしまうもの。逆に、理想的な容姿でなくても人々から愛される女性は、内面の美しさがしぐさや表情に表れ、チャーミングで魅力的な女性に映るのです。

今回、登場していただいた女性たちは、20〜40代までと幅広く、職業もさまざまです。彼女たちの共通点はただひとつ、「世界3大コンテストの歴代ミス・ジャパン入賞者」ということです。

世界大会で60か国以上の女性たちと、人種・宗教・国境を越え、意思の疎通を図ってきた彼女たちは、心に垣根がなく、人々とすぐに打ち解けられる「柔軟な心」を得ました。言葉が通じなくても、「心」で通じるのです。心に国境はなく、心のあり方が重要であることを、彼女たちは自身の経験を通して学び、示してくれています。

外見を磨くことで、今までになかったチャンスに恵まれることがあります。しかし、内面が研ぎ澄まされていないと、目の前にチャンスがあっても気づくことすらできません。内面を充実させ、感性を磨くことは、チャンスを生かすうえで欠くことのできない要素です。それが、「自分らしさ」となり、個性としての美しさがプラスされ、決して人まねではない「オリジナルビューティ」を手に入れることができるのではないでしょうか。

ご登場いただいた女性たちは、みな自分流の「美のポリシー」をお持ちです。「美」とどのように向き合うか。「美容は生きかた」なのです。

そして、美しさとは、年齢を超えて存在するものです。「美しくありたい」と願うすべての女性に、美しくなる権利があります。つまり、美しくなるかどうかは、自分次第。美を養うのは、あなた自身なのです。

「美しさ」の内容は、100人いたら100通り。まずはあなたの「美の基準」を養ってください。今回ご紹介する女性たちは、年齢や職業、そして「美の基準」もさまざまです。そんな彼女たちのビューティレシピのなかに、あなたにぴったりのレシピがあるはずです。

本書でご紹介した、「美のポリシー」と「ビューティレシピ」をご参考に、ご自分のライフスタイルに合わせてアレンジしてください。みなさまの美しさを養ううえでの「エッセンス」として加えていただき、「美」を養う一助にしていただけたら光栄です。

すべての女性たちに、自分にしか表現できないオリジナルビューティを手に入れて欲しい、そしてそれを目指すポジティブな女性に届けたい一冊です。

長坂靖子

目　次

BODY

＊

BEAUTYレシピ

FACE

BODY-PARTS

BODY

FASHION

INNER-BEAUTY

企画協力　大橋一陽（Koo.Co.代表取締役）
撮影　林均　相木博　宮脇功成　森山俊一
デザイン　平山貴文
イラスト　山根さち代
編集協力　高松由美子
編集・制作　株式会社スリーシーズン
撮影協力　TYフォーラム
DTP　株式会社アド・クレール

彼女たちのキレイのpolicy

I

INTERVIEW

宮崎京

石坂直美

大工原忍

菅野安希子

長坂靖子

村田しのぶ

file 01

Miyako
Miyazaki

宮崎 京 みやざきみやこ

1978年熊本県生まれ。2003ミス・ユニバース世界大会にて世界5位入賞。雑誌、ショーなどでモデルとして活躍中。今後女優も目指す。2004年に国連難民高等弁務官事務所（UNHCR）を通じて、タイ難民キャンプを訪問。 現在は同事務所の国内委員会、通称「日本UNHCR協会」の広報委員も務める。

「自分っていったいどんな人間？」ミス・ユニバースを機に、深く考えさせられました

世界大会で5位入賞。もとは“恥ずかしがり屋”の横顔

「モデルをやっているから、自分に自信があるんでしょうって言われたことがあったのですが…」

現在モデルの宮崎京さんは、ミス・ユニバースの日本代表として2003年の世界大会に出場し、5位入賞を果たした話題の人。グラビアではクールビューティそのものの京さんですが……。

「モデルは洋服を美しく見せるのが仕事。自分が前に出る必要はないんです。でもミス・ユニバースでは洋服ではなく、自分が主役。“宮崎京”がどんな人間なのかを問われるので、最初は戸惑いました」

実は京さん、もともとの性格は、わりと恥ずかしがり屋。自分を表現するのは苦手だったのだそう。

「ミス・ユニバースに選ばれるまでは、自信を持て、とよく言われました。

それで徐々に自分と向き合い、自分を表現するようになったんです。最初は、自信なんてまったくなかったです。でも以前、こう言ってくれる友人がいたんです。"自信ってさ、自分を信じるって書くんだよ"って。その言葉がいつも頭にありましたね」

キレイを支える、健康で機動力のある体

「モデルやミス・ユニバースの仕事は、体力的にわりとハードなことが多いです。ミス・ユニバース・ジャパンのファイナリストで、タヒチに1週間滞在したんですね。うらやましがられましたが、実際には、遊ぶ時間もないぐらい仕事でぎゅう詰め。早朝に集合して、夜にやっと解散というスケジュールでした。目まぐるしくて、お風呂に入ったまま、朝までバスタブで寝ちゃったぐらい（笑）」

そんな生活を支えるのは、やはり第一に健康な体。

「体力はあるほうだと思います。高校生のときは皆勤賞でした。今はダンスに熱中しています。ジムにも通っていたんですが、いつでも行けると思

**ダンスをはじめてから
もっと強い体に**

週に1度、ダンスに通う京さん。ジャンルはストリートジャズ。音楽を聴きながら、汗をかいて体を動かしていると、とても充実した気持ちを得られるそう。

うと、かえって行きそびれたりして。時間が決まっているレッスンは、必ず行くのでいいですよね。体をいっぱい動かして、楽しくやってます」

社会貢献のモットーは“少しずつ、今できることを”

「ミス・ユニバースで代表に選んでいただき、私も何か社会に貢献したいと思いました。いろいろ探してみたんですが、私自身が子どもの教育に興味があったので、国連難民高等弁務官事務所、日本UNHCR協会で、広報委員を務めさせていただくことにしました」

タイの難民キャンプを視察し、困難な生活を目の当たりにした京さん。学びたくても学べない、子どもたちの現実を知りました。

「私も力になりたい、と痛切に思ったのですが、私自身は、たくさんのお金は寄付できません。だけど、小さなことを少しずつ、できることからやるようにしています。イベントで寄付を募ったり、広報活動に参加したり」

昨年の夏は、友人有志でチャリティー・ショーを開いたそう。

「歌とダンス、お芝居を組み合わせたファッション・ショーです。友人同

History

1980

2歳の頃。赤い服を着ていても「かわいらしい男の子ね」と言われるほど、やんちゃでした。

1990

大半を沖縄で過ごした小学生時代。幼い頃とうって変わって、のんびり、おっとりしていました。

1992

中学2年生のとき、軟式テニス部に所属。放課後の練習で、真っ黒に日焼けしていました。

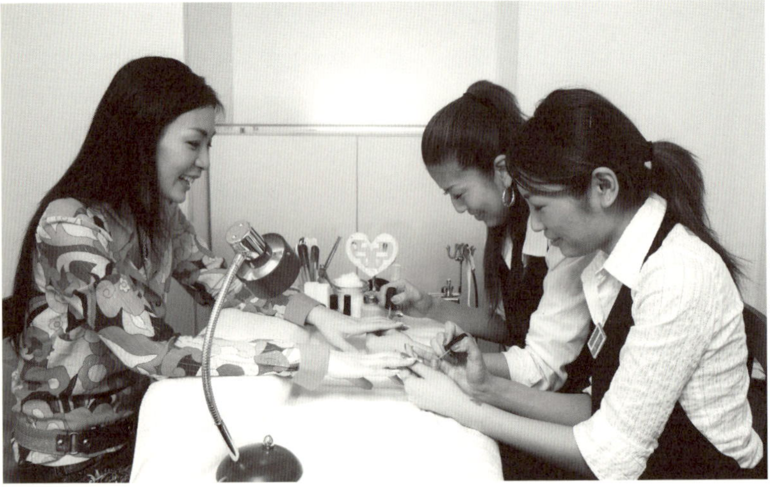

士で開催し、得た収益の一部を寄付しました。好きなことをやりながら社会貢献できるので、とてもおもしろいですよ。今は、語学の勉強もしています。ミス・ユニバースがきっかけで海外に出る機会も増えたので、これからも、日本と海外を繋げる仕事をしたいですね」

“内面がにじみ出る、笑顔の人でありたい”

毎日を精力的に過ごす京さんに、日々の心がけを聞いてみました。
「どの年代でもそうだと思いますが、人の内面は、行動や表情に出ますよね。上京したばかりの頃、恵比寿のパン店でアルバイトをしていたんですが、ある日の朝、店の前の落ち葉を掃除してくださる年配の女性がいたんです。私が慌てて“ごめんなさい、私がやることなのに”と言ったら、その方はすごく素敵な笑顔で“いいのよ、やりたくてやってることだから”って答えたんですよ。そのとき、“わー、心も行動もかっこいい！”と思いました。私もそんな笑顔ができる、心美しい人でありたいですね」

今年の冬は、舞台に挑戦する予定の京さん。女性として以上に、人間として魅力的な姿が、これからも注目を集めそうです。

わたしの
マスト
アイテム

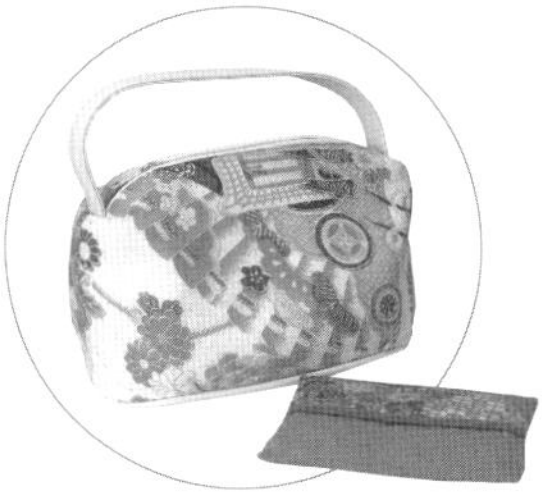

化粧ポーチ。名前の「京」に縁を感じて、つい和柄を集めてしまう。

ねずみのぬいぐるみ。ひげの存在感とピンクに惹かれている。

「ネバーエンディングストーリー」「きみに読む物語」のサントラ盤ＣＤ。

「いちばんたいせつなもの」「すばらしい季節」の心にやさしい絵本。

「fatgirlslim」。クールな心地よさがあり、足の疲労感を取るのに◎。

ハンド＆ボディクリーム。バニラの香りがいつまでも続き、甘い気分に。

Miyako Miyazaki

file 02

Naomi Ishizaka

石坂直美《いしざか なおみ》

1986年東京都生まれ。高校生のときにミス・インターナショナル2005日本代表に選ばれる。現在、『cancam』、『JJ』などファッション雑誌を中心にモデルとして活躍中。特技はフルート、歌、ボイスパーカッションなど。音感をいかして音楽を楽しむ。

心も体も変わっていくことを楽しみたい

日本代表の任期終了後、モデルの道へ

「高校3年生のとき、ミス・インターナショナル日本代表に選んでいただきました。そのときは、音楽が大好きな、どこにでもいる普通の女子高生でしたね。今でも、自分はごく普通の女の子だと思っていますが……。高校卒業後は、専門学校でヘアメイクの勉強をしようと思ってたんです」

代表選出をきっかけに進路を変え、モデルとして本格的に仕事をはじめた石坂直美さん。最初は、プロのモデルの仕事ぶりに圧倒されたそう。

「プロのモデルさんは、当たり前だけどやっぱり表情が豊かで、身体表現も上手。意識と才能の差を感じて、落ち込むときもありました。雑誌などを見て研究するようにもしていますが、今心がけているのは、ひとつひとつの仕事を大切にすること。たった1カットの仕事でも、自分の全部の実力を出すように、精一杯やっています」

フルートを吹き、歌を歌ってリフレッシュ

「特に運動らしい運動はしていません。一番楽しいのは、好きな音楽をやっているときです」

と直美さん。特に、中学1年生から続けているフルートは、生活になくてはならないものだそう。

「最初は部活動ではじめたフルートなんですが、中学校の先輩たちが卒業後もバンドを組んでいるので、私も仲間に入れてもらって、今も週に2度ほど練習を続けています。私にとって音楽は、心の健康を保つためにも欠かせないものですね。音楽療法ってあると思うんですが、私には、音楽を演奏することが、癒しそのものになっているんです」

週末には大学のアカペラ・サークルに参加し、歌も歌うという直美さん。

「楽器とはまた違い、歌で声を出すのも気持ちいいんです。今のところ、音楽を仕事にするつもりはないのですが、趣味でずっと続けていきたいなと思っています」

**オフのときは
なるべくノーメイク**

休みの日は基本的にノーメイク。そして読書をする。バランスボールに乗りながら、リラックスしてスキンケアしているそう。

スキンケアのコツは、2週間で1本の化粧水

「肌を休ませるため、仕事以外ではほとんどノーメイクです。プライベートでメイクしても、薄めにしています」

そんな直美さんの素肌は、透明感があってキメも細やか。秘密は、保湿重視のスキンケアにありました。

「メイクをしない日でも、クレンジングは必ずして、その後、2度洗顔します。肌にやさしいタイプの洗顔剤なので、ていねいに洗うことを心がけています。その後は、2週間に1本使い切るぐらい、たっぷりと化粧水を使います。乳液や美容液は、少しだけつける程度です。以前は精製水で水分補給していたんですが、今は化粧水だけですね。とにかく肌にはたっぷり、水分を与えるようにしています」

毎朝、起きたら体重計に乗るのも日課です。

「毎日体重を量っていると、だいたいどんな生活をすれば、体重に響くのかわかってきますね。体調の管理に役立っています」

History

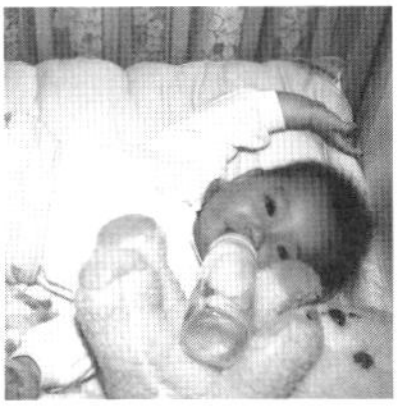

1986

生後3か月の頃。長女として誕生。ミルクをたくさん飲んでいたとか。今も牛乳が大好き。

1988

2歳の頃。チャームポイントのえくぼを引き立てるようなスマイルで、バッチリなカメラ目線。

2002

中学3年生、卒業式当日の思い出の写真。吹奏楽部でフルートに出会い、高校でも続けようと決意。

“あせるな、しかし止まるな”で、常に一歩前へ

「今気になる女性は、柴咲コウさん。きりっとした、かっこいい感じに憧れています。私自身も、女性から応援されるような生き方をしていきたいですね。モデル一本になって、自分の未熟さを痛感し、とまどうこともありました。立ち止まったときに、自分らしく生きようと思ったんです。モットーは“あせるな、しかし止まるな”。私らしさを忘れずに道を進んでいきたいです」

これからますます、大人の女性として輝いていきそうな直美さん。将来は、もちろんママになりたいそう。

「23〜24で結婚して……。早いかな（笑）。子どもを産んで、自分の家庭を持つのが夢なんです。出産後も、モデルの仕事は続けていけたらいいなと思います。これからやってみたいのは、ブライダル・モデルの仕事です。ウェディングドレスを着たいというのもありますが、人に幸せを与えられるような仕事をしていきたいですね」

今、社会に出たばかりの直美さん。常に一歩前に進む姿勢で、いろいろな分野で活躍してくれそうです。

わたしの
マスト
アイテム

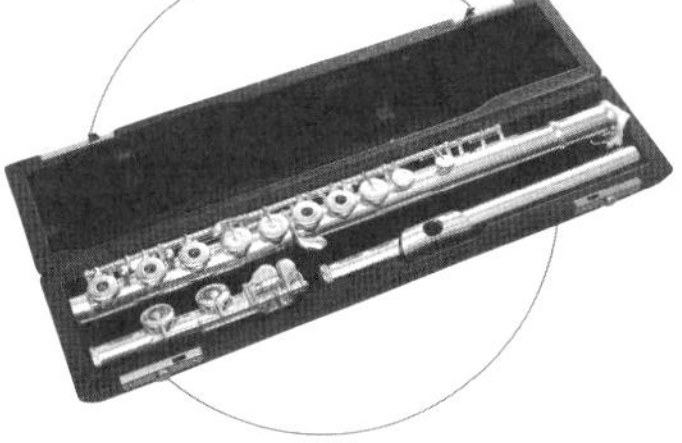

フルート。高校卒業と同時に購入。「これがあるから私がある」という宝物。

フェイスローラー。むくみやすいから、とはじめて今では癒しのアイテム。

歌うことが趣味なので、欠かせないのど飴。のどのケアに毎日ひと粒。

化粧ポーチ。専用の液を足して好きな濃度に調節するアイシャドー。

大好きなチョコレート。摂ることでいつも元気でいられる。

Naomi Ishizaka

file 03

Shinobu
Daikuhara

大工原 忍《だいくはら しのぶ》

1974年東京都生まれ。1997準ミス・ワールド日本代表。芸名「麻丘しのぶ」、Y.M.O所属。モデルのほかキャスター、女優、タレントとしてテレビ、映画などマルチに活動する。また、ホノルルマラソンなどスポーツ競技にも積極的に参加。ビューティアドバイザーも務める。六本木Launge rでビューティイベントをプロデュース。

どんなときも笑顔で
前向きに考える！
毎日を楽しく生きる秘訣です

パワーの源は、溢れる好奇心と軽いフットワーク

「人には、オーラってあると思うんです。同じ人に会っても、今日は調子がいいな、と思う日があれば、疲れてるみたい、って思う日もあるでしょう。私自身は、常にいいオーラを放っていたいと思うので、いつも、気持ちが怠けないよう心がけています」

　そう語る大工原忍さんは、1997年の準ミス・ワールド日本代表。テレビや映画に出演し、FM局にもレギュラー出演するかたわら、モデル、タレントとして活躍中。趣味も、多彩かつアクティブです。

「運動、大好きなんです。休日はスポーツジムに行くし、ダイビングやゴルフも好き。4年ほど前には、はじめてホノルルマラソンに参加しました。それがあまりに気持ちよいのでハマってしまって、それからは、毎年出場しています」

CE GARDEN

フットワークの軽さにも、びっくりさせられます。
「旅行も大好きなので、毎月１度は海外に行きます。オーロラを見に行ったり、アテネにオリンピックを観戦しに行ったり……。変わったエステがあると聞いたら、行って試してみたりもします。先月は、香港に旅行しました。日本未上陸のビューティグッズを発掘するのが楽しいんです」

大会出場をきっかけに、自分の道を模索

「ミス・ワールドには、友人に誘われて応募しました。最終審査へは、実は、補欠から繰り上げとなっての参加だったんです」
と忍さん。運命的な出来事が自分のステップになったそうです。
「どうせ補欠だからダメかなと思ったんですが、運よく準ミスになれて。もとは文章を書くのが好きで、マスコミ関係の仕事をしたいなと思っていたのですが、当時は不景気で、就職先を探すのも大変で（笑）。自分にしかできない仕事をするほうがいいなと思い、今の仕事に進みました。今まで、たくさんの方にお会いするなかで、多くのことを学ばせてもらいました。キ

**着物好きが高じて
モデルとしても活躍**

お母さんが着付けの先生であるおかげで、幼い頃から着物に慣れ親しんできたとか。日本代表やモデルなど、いろいろな場で自信を持って振る舞えたそう。

ャンペーンの仕事では、企業のトップの方と会う機会も多かったので、失礼のない振る舞いを心がけていました。そのおかげで、場の空気を読んで、それにふさわしい行動をすることが身についたと思います」

モットーは“笑顔”。悩みはプラス思考で乗り越える

「モットーは“笑顔”。笑うって、体にもいいことですよね。笑うと病気が治るとか、がん細胞が小さくなるとかいわれますけど、ホントにあるんじゃないかと思っています。悩みがあっても、プラスにとらえちゃうんですね。悩みは、私をひとまわり大きくしてくれる試練なんだ、と思って」

とりわけ、いつも心がけていることがあるそう。

「人のことをねたんだり、ウソを言ったりしないようにしています。特に、人をねたむのは一番よくないことだと思っているんです。そんな気持ちを持つだけで、意地悪な顔になっちゃう。怒ることも同じ。何かでカチンときたときは、ちょっとひと呼吸おいて“人にはいろんな考え方があるなー”と、流しちゃうんです」

History

1976

2歳。家族と一緒に新宿御苑へお出かけしたとき。家族にはいろいろ連れて行ってもらいました。

1983

9歳のとき、ジュニアオリンピックを目指し、シンクロや競泳をしていました。トロフィーを手に。

2003

29歳のお正月。着物モデルも板についた頃。この頃からビューティ系の仕事に目覚めます。

“いい経験を増すこと”が、“いい年を重ねること”

「年を重ねることには、マイナスのイメージは持っていません。年は相応にとっていきたいですね。若さにしがみつく気もありません。ただ、年を重ねるからには、いいものを見極める目を持ちたいかな。いいというのも、他人の評価じゃなく、自分が“いい”と思う判断基準を持っていたいです。そして、いい経験を重ね、いい年をとっていきたい。そのためには……うーん、いい恋愛するのが、一番かな（笑）」

仕事もプライベートも充実し、毎日が楽しいという忍さん。今後は、美容関係の仕事を立ち上げていきたいそう。

「やっぱり、自分が一番興味があるのが美容なんですね。アロマやお花をやっている友人がいるので、彼女たちと事業を立ち上げていきたいと思っているんです。女性たちを幸せにできるような、美容系のプロデュースをしていきたいですね」

無駄なものを心に溜めず、いつも明るい忍さん。これからも、いくつものいい経験を重ね、さらに素敵な女性になりそうです。

わたしの
マスト
アイテム

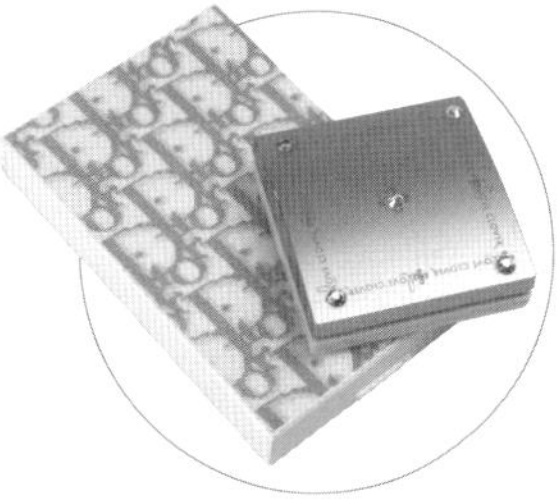

「クリスチャン ディオール」のコンパクト。パウダーやグロスなど。

バラの鉢植えは、手作りのプリザーブドフラワー。贈り物に作った。

手作りの額とリングピロー。大切な友人の結婚祝いに贈った。

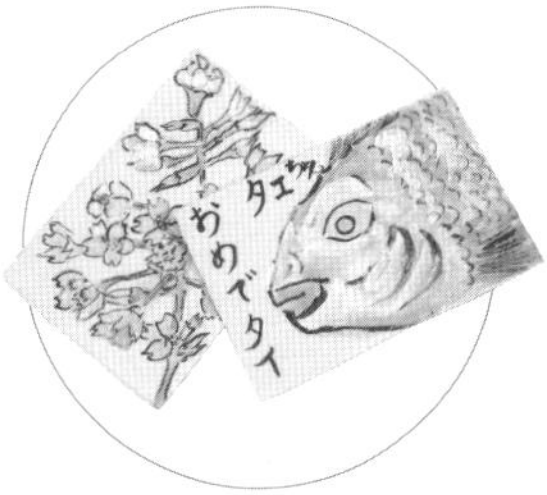

手描きのポストカード。墨を基本にした顔彩で季節のごあいさつに送る。

「サンタ・マリア・ノヴェッラ」の香水。憧れの人がつけていたので。

「URBAN DECAY」ラメパウダー入りのアイシャドー。ケースもポイント。

Shinobu
Daikuhara

file 04

Akiko
Sugano

菅野安希子 すがの あきこ

1973年東京都生まれ。1996ミス・インターナショナル日本代表。会社員、モデル、タレントとして活躍後、結婚。現在、長男（2歳）の子育てをしながら、仕事に復帰。桐朋学園芸術短期大学にて非常勤講師として「表現・コミュニケーション論」を教える。ウェブ「YAHOO！ファイナンス 有名人のお金の使い方」にてコラムを連載中。

大変だからこそ、楽しみたい育児期間 おしゃれ心はいつも忘れません！

子育て中も、おしゃれで楽しくが基本

「子どもをどこかに預けたりはせずに、子育て期間を自分なりに、最大限楽しみます。今、ママアイテムや子どもグッズのセレクトにとても興味津々です（笑）」

と菅野安希子さん。1996年度のミス・インターナショナル日本代表だった安希子さんは、今、子育ての真っ最中。２歳のお子さんと一緒に、楽しくも忙しい日々を過ごしています。

「お出かけに必須のアイテムは“ママバッグ”！　でもママバッグとして売られているものって、実用重視なものが多い気がして、ファッション性が欲しいねってママ友だちとよく話します。子どもがいても素敵に見えるママバッグを心がけているため、その日のファッションに合わせて、バッグも変えて遊んでいます。きちんと子育てもしているエレガントママを目

指したいから。大変だからこそ子育て自体を楽しみたいと思うし、自分のおしゃれにも気をつかいたいですね」

デパートをお散歩して、流行をチェック

　育児中は、子どものお世話で手いっぱいで、自分のことは後まわしにしがち。そんなときも、安希子さんは自分らしさを忘れません。

「子どもを連れていると、ファッションはやっぱり機能性が大切です。でも、両手が空くからリュック、歩きやすいからスニーカー、と実用一辺倒になるのは嫌なんです。特に、足元はおしゃれの要。私はよく、ドライビングシューズを履きます。歩きやすく実用的、それでいてきちんと見えるのでおすすめですよ。普段はパンツスタイルが基本ですが、主人のいる週末は、スカートをはいたりもします。スカートだからこそ注意する身のこなし方を、忘れたくなくて」

　流行にも敏感でいたい、と安希子さん。

「かといって、なかなか雑誌を読む時間もとれません。だから、デパート

**子どもと体を動かして
日々の生活のなかで運動**

公園に出かけたり、デパートに行ったり、お出かけが大好きという。お子さんが何でもチャレンジしようと努力が見えて、自分の励みになっているそう。

によく行きますね。すべての階をぐるっと歩くといい運動になりますし、流行もチェックできる。おむつ替えスペースやレストランもあるので、子どもを連れての散歩には、とても便利なんです。子どもにも友だちができたり、外でのマナーを自然に身につけたりしているんです。男らしくしっかりおじぎしてましたよ（笑）」

きれいな人とは、相手を思いやれる人

「子育てが楽しいので、しばらくは育児に専念して、仕事をするつもりはありませんでした。でも、短大時代の恩師に声をかけていただいたのをきっかけに、母校で講師を務めることにしたんです」

安希子さんの講座は、初歩的なマナーや立ち居振る舞いのレクチャーに、表現やコミュニケーション論など。ミスの経験も役立っているそう。

「とはいえ、私自身も勉強しなくちゃいけないことはたくさんありますね。自分が実践するのと、人に教えるのは別物ですから。ひとつの言葉や接し方でも緊張感を持って行っています」

History

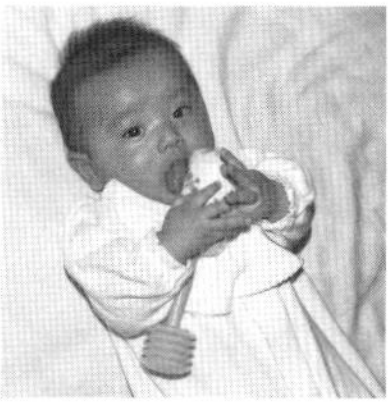

1973

生後まもなくの頃。亡き父にそっくりです。アルバムを見返すと、自分の息子にも似ています。

1995

短大の卒業式後に歌舞伎座に直行。月に10日も観に行くほどの歌舞伎漬けの学生生活でした。

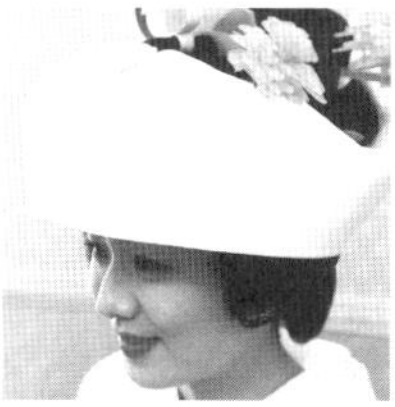

2000

27歳で結婚。歴代のミスやモデル仲間が大勢駆けつけてくれて、花嫁よりも華やかな友人席でした。

きれいな人とは“相手を思いやれる人”だと、安希子さんは言います。

「よくいわれることですが、マナーは、相手を思いやる気持ちから生まれるもの。お化粧だって、相手に失礼がないように、という敬意の表れでしょう。思いやりの気持ちがあれば、お化粧やファッションは、あとから身につけられるテクニックの問題にすぎません。だからこそ、根っこの気持ちを大切にしたいですね」

人生で一番大事なものは“本”

「本だけはいくらでも買ってくれる家庭で育ったからでしょうか、少しでも時間があると、本を読みたいんです。私、人生で一番大事なものって、本だと思っているんですよ。本は何でも教えてくれます。人間、いざとなれば、お化粧なんてどうでもいいんです（笑）。格好も大切だけど、中身が一番大事。学生にもそう伝えていますし、子どもにも、そう考えて接しています」

穏やかに、やさしく語る安希子さん。自分の価値基準を持ちながら、子育てに仕事に、楽しく真摯に立ち向かうさまが印象的でした。

わたしの
マスト
アイテム

妹からのプレゼント。実は手のツボ押しマッサージアイテム。

真珠のネックレス。ミスに選ばれたときにいただいたもの。

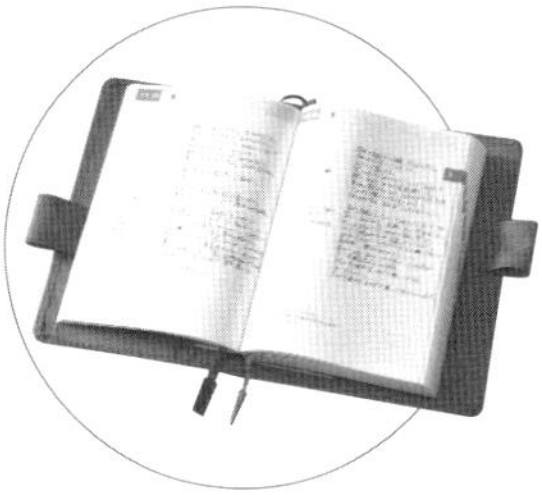

「ほぼ日手帳」。育児日記として使用。子どもの成長を書き込んでいる。

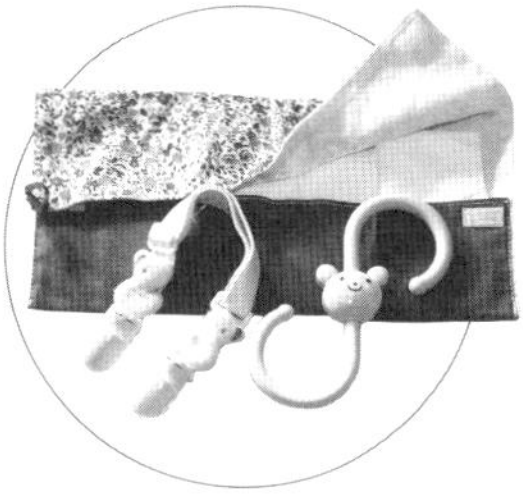

子どもグッズ。ティッシュを入れるカバーは持ち歩きに便利。

ママバッグと車。エレガントママは、お出かけアイテムにこだわります。

「フットスクラブ」と「フットクーラー」。ハワイで購入し、むくみに◎。

Akiko
Sugano

file 05

Yasuko
Nagasaka

長坂靖子 ながさか やすこ

1968年長野県生まれ。1990準ミス・ワールド日本代表。22歳で結婚、海外生活を経て、ウォーキングインストラクターの資格を取得。2004年日本ウォーキングセラピスト協会代表理事就任。現在、長女（14歳）、長男（11歳）の母でありながら、株式会社インプレックス代表取締役。オールアバウトジャパンにて「美しい姿勢・歩き方」を連載中。
http://allabout.co.jp/fashion/posing

一瞬を大切に過ごすこと。変化し続け、年齢を重ねることを楽しみたい

ウォーキングは、自分の体と向き合うこと

「16歳でミス日本、20歳で準ミス・ワールド日本代表に選ばれ、それを機にウォーキングと出会いました」

大きな舞台の上で自分をどのように表現するか、学ばされたという長坂靖子さん。結婚後、インドでの生活でさらに運命的な出会いをします。

「海外の生活で出会った方々の美しい振る舞いに、圧倒されました。それは骨格や容姿ゆえではないんですね。姿勢と歩き方という基本動作が美しいからこそ、それにともなう振る舞いも美しさにつながります。“これだ！”と思いましたね。姿勢や歩き方には流行がなく、一度身につけたら、一生ものです」

美しい歩き方の価値を再確認した靖子さんは今、日本ウォーキングセラピスト協会代表として、姿勢と歩き方の大切さを伝えています。自身も欠

かさないのが日々のエクササイズ。
「歩き方を意識すると、自身の体と自然に向き合うことになります。毎日ストレッチをして体と対話し、足首をメジャーで測るのは日課です」

言葉のエネルギーが表情を作る

「自分から発する言葉は、美しいものでありたい。“ありがとう”“お疲れさま”“好き”など、心地よい響きに囲まれて過ごしたいと思います。言葉は無限の力を持ち、やさしい言葉は心に希望や勇気を与え、ときには生きる原動力となります」
　と靖子さん。母または妻として、経営者として考えを伝える立場になってから、言葉の力をより信じるようになったと言います。
「楽しい言葉を発していると、会話の内容も楽しくなります。そしてよい言葉は、よい表情を作ると思います。表情筋がよく動いて、いきいきした顔は何より美しいですね。その結果、魅力的な人に見えるのではないでしょうか。話す言葉がその人の雰囲気を作り出し、魅力になると思います」

**「美しい言葉が
自然に表情を作る」**
心から言葉を発する長坂さん。言葉だけでなく、自然と身振りにも表れ、彼女の魅力になっています。「言葉は人にとって、大きなエネルギーになります」

すべての経験は将来の自分への糧に

「母親とか、経営者とか、特別に意識していません。ただ、どんなシチュエーションにおいても、とにかく居心地のいい空間にいたい、その瞬間をめいっぱい楽しむことをモットーにしています」

子どもたちと過ごす時間は母親というよりも、“仲間”という感じなのだそう。会社経営もまだ通過点に過ぎないとか。

「実際、子どもから励まされたり、助けられることも多いです。中学生ともなれば、かなり頼もしい存在！　夫のことは心から愛していますし、女性としていつまでも彼から愛されたいと思ってます。経営に関しては、やりたいことを行動に移した結果なんです。自分の居場所を開拓したのも自分自身。留まっていたら、何も変わらないので、一歩踏み出すことを大切にしています。これからも変化していく自分を楽しみたいですね。すべての経験は未来を作るもの。よい未来が欲しいと願うならば“今この瞬間”を精一杯努めることです」

History

1972

3歳の夏。物静かな祖父母、厳格な父、やさしい母、活発な妹に囲まれて育ちました。

1987

18歳の夏。大学進学のために上京。寮生活でたくさんの友人ができ、一人暮らしの不安も解消。

1996

27歳の頃。主人の育ったオーストラリアに家族で訪れたときのもの。2人の子どもは私の宝物。

目標は“いつまでもみずみずしい女性”

美しくあるためには“幸せを感じること”が、何より大切だという靖子さん。自身にとっての幸せは何かとうかがうと……。

「愛するものに囲まれているときに幸せを感じます。愛する夫、子ども、仕事、仲間……。自分にとって何が幸せであるのかを忘れずにいたい。他人からどう見られるかではなく、“自分の基準”が大切です」

さらに目標は、いつまでもみずみずしい人でいることだそう。

「“みずみずしい”って単なる外見だけのことではなく、内面が重要なんです。年齢を重ねると経験で物事を考えがちになりますが、いつでもフラットな状態で、ものを見たいと思っています。いろいろなものを吸収したいから、そのほうが都合がいいんです。とにかく、そこに留まらずに新しい自分でい続けたい。今の自分と明日の自分は変わっていたい。心のバリアを取り除き、柔軟な心を持ち続けたいと思っています」

幸せも美しさも、日々の心がけがあってこそ。常に変化を続ける靖子さんは、自身の生き方で、それを教えてくれました。

わたしの
マスト
アイテム

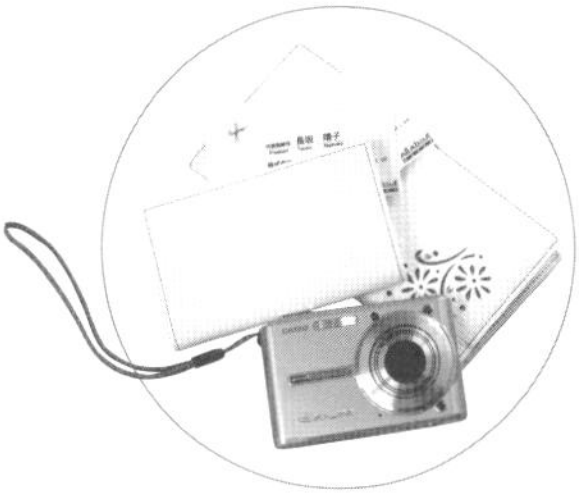

手帳、デジタルカメラ、名刺入れ。ビジネスアイテムはシンプルが基本。

ハンドケア用アイテム。手袋、ネイルオイル、フラーレン入りUV。

水とプロポリスで栄養補給。「クリニーク」の香水、シンプリーは必須。

サフラン、シナモンなどのハーブティーセット。デットクス効果に◎。

これまでデザインしてきたジュエリー。色やカットなどこだわりの逸品。

ぬいぐるみメジャー。実用的なアイテムにも遊び心をたっぷりと。

Yasuko
Nagasaka

file 06

Shinobu
Murata

村田しのぶ《むらた しのぶ》

1972年福岡県生まれ、6歳から宮崎県で育つ。1995ミス・ワールド日本代表。後に宮崎で観光宣伝のサポート担当を経て、上京。フリーアナウンサーとして「スポーツTODAY」(テレビ東京)をはじめ多数の番組で活躍。26歳のときに村田善則捕手(現・読売ジャイアンツ)と結婚、専業主婦に。現在、長男(6歳)、次男(3歳)の子育てをしながら、ときに雑誌やテレビに出演する。

家族の健康と幸せのために
尽くしていることが
自然と私のエネルギーの源に

コンテストは、審査当日が勝負

「小さい頃から好奇心旺盛で、いろいろな世界を見てみたい、体験してみたいと思っていました。目立つことも好きで、人前で話す仕事がしたいと、次第に夢を持つようになったんです。そこでコンテストに応募してみようかなと……」

と、振り返る村田しのぶさん。ミス・ワールドで日本代表に選ばれた理由については、こんな客観的な判断をしています。

「自分よりきれいな方も、スタイルが抜群な方もいらっしゃいます。でもコンテストでは、審査当日が勝負。限られた時間で、どれだけ自分を発揮できるかが大切なんだと思います。審査委員の方との相性もありますよね。私が代表になれたのも、その相性がよかったからなんだと思っています。いい雰囲気のなかで落ち着いて臨むことができました」

アスリートの夫のおかげで、自分も健康維持

「子どもの頃から、家のいたるところに鏡があって自分をよく見ていました。すると“疲れているな”“太ったかな”とか、気づくんです。今も常に、人から見られているという意識は失わないようにしています。信号待ちのときでも立ち姿に気を配ったり……。モデルさんの気分で（笑）」

フリーのスポーツキャスターとして活躍していたしのぶさん。仕事がきっかけで知り合った、読売ジャイアンツの村田善則選手と結婚し、今は家庭を守ることを第一に過ごしています。

「夫は体が資本の仕事なので、食事も含めて、健康管理には気をつかいます。夫のためにやることが、結果として、家族全員の健康管理に役立っていますね」

一年を通して、帽子は毎日欠かせません

「結婚してからは生活が激変しました。キャスターのときは、朝から晩ま

体に摂り入れるものは健康を考えて

夫が野球選手、子どもは育ち盛りなので、食事は手作り重視。それぞれこだわった飲料があるとか。「主人は酸素水、子どもは乳酸菌、私はコラーゲン！」

で見られる仕事でしたので、朝にしっかりメイクをして、1日中動きまわっていました。現在の生活は、家で過ごすことが多いので、お化粧品も、なかなか減らなくて、自分の変化に驚いちゃいました（笑）。子どもが小さいときは、特にそうでした」

ご主人が多忙なので、しのぶさんも家事に子育てに大忙し。お子さんは外で遊ぶのが大好きなんだそう。

「シーズン中は、月に１度くらいしか休みがありません。お休みの日はみんなで一緒に過ごしますが、普段は私が子どもの遊び相手。男の子なので活発で、キャッチボールをしたり。外で遊ぶことが多く、日焼けには万全の注意を払っています」

絶対に欠かせないのは、日差しを遮る、つば広の帽子だそう。

「生まれ故郷の宮崎は日差しが強いので、子どもの頃から“日陰を歩きなさい、帽子をかぶりなさい！”って母に言われてたんですよ。今でもそれが染みついているんでしょうね。季節に合わせて、春夏用・秋冬用と、帽子はたくさん持っています」

History

1995

次のミスを決める選考会で、新ミスに王冠を渡した後。ホッとした表情を母が撮影しました。

1997

フリーアナウンサー時代。夜の生放送後の帰宅は２〜３時という不規則な生活。若さで乗り越えました。

2004

長男の小学校受験に向けて親子でがんばった時期。ハードな期間の合間に、クリスマスパーティ。

“自分時間”を大切に、健康的な30代を

「20代の頃はメイクを試したり、お洋服も冒険ができました。今は出かける場所が一転。理想はやわらかい雰囲気のファッション。子どもと遊べて、身長を生かせるパンツスタイルにはこだわりたいですね」

常に新しい環境を試みるしのぶさん。今年、上のお子さんが小学校に入学し、新たにはじめたことがあるそうです。

「母が宮崎でハワイアンフラのインストラクターをやっています。少しだけ自分の時間ができたので、私もハワイアンフラを習いはじめました。ハワイアンの音楽でリラックスしながら運動できるし、自分に時間を与えることでリフレッシュもできています。将来はインストラクターの資格をとって、ハワイアンフラを教える仕事ができたらいいな、と思っています。あくまで子どもと家庭が第一なんですが、自分自身もどこかで外と繋がって、活動していたくて」

妻として、母として家庭を支えながら、自分自身を磨き続けるしのぶさん。そのパワーの源は、温かい家庭にあるようです。

わたしの
マスト
アイテム

子どもの純粋な笑顔に癒され、夫の懸命な姿が励みになる。家族が活力。

Shinobu Murata

彼女たちのBEAUTYレシピ

I

FACE

BODY-PARTS

BODY

大工原 忍

クレンジングと洗顔 +αでケアします

汚れを放っておくと皮膚に沈着して くすみやシワの原因にも！

　メイクを１日中していると、顔にはかなりの負担がかかっています。仕事から帰ったら、まず一番にやることはクレンジングと洗顔、基本中の基本です。化粧品の油分や分泌した皮脂汚れを放っておくと、汚れが皮膚に沈着し、くすみやシワ、肌荒れの原因になります。

　クレンジングはその日のメイクの濃さに合わせて、クリームまたはオイルを選びます。濃いメイクを落とすならオイル。しつこい汚れをスピーディにしっかり落とせて、肌色のくすみの原因、老廃物もすっきり流すことができます。しかし、必要な潤いを奪う場合もあるので、普段のメイクのときは保湿効果のあるクリームを使います。肌への負担が軽く、しっとりと洗い上げ、潤いをキープします。

　洗顔は「Obagi」の清浄洗顔料を使っています。汚れを落とすことはもちろん、再生力を高め、透き通る肌に導きます。肌のターンオーバー（スキンサイクル）に働きかけて、内側から輝く素肌作りを心がけています。

肌のターンオーバーに合わせてスキンケアをします。使っているのは「Obagi」。クレンジングと洗顔もこのシリーズを使い、徹底して美肌作りに努めています。

透明感のある肌作りに欠かせないビタミンC。高濃度の美容液を与えて、健やかな肌を目指します。

Let's Try

スキンケアを見直すなら洗顔から たどりついた 私のクレンジング

人さし指、中指、薬指を使って洗っていきます。

1

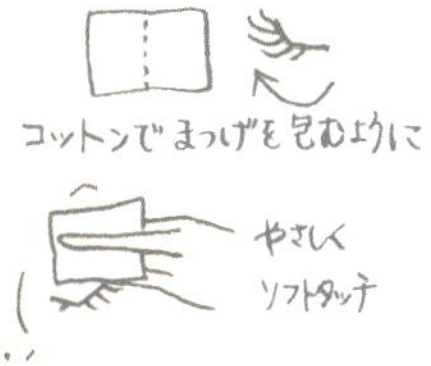

アイメイクには コットンを

クレンジング料を含ませたコットンでまつげを挟み、根元から毛先へゆっくり滑らせます。新しいコットンでアイシャドーをやさしく拭き取ります。

2

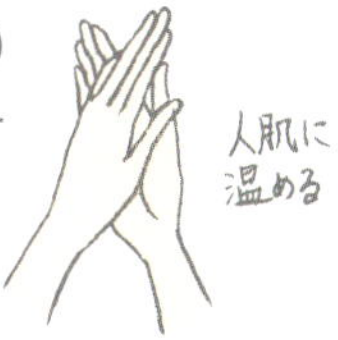

クレンジング料を 両手で温める

クレンジング料を手に適量取り、両手を重ねて人肌に温めます。温めることで、メイクによくなじみ、汚れが浮き上がりやすくなります。

3

外へ向かって円を 描くようクレンジング

中指を中心に指3本の腹を使い、顔の中心から外へ、下から上へ、らせんを描くように指を動かします。

4

ぬるま湯で 20回くらい洗い流す

汚れを浮かせたら、ぬるま湯で洗い流します。顔の中心から外へ水を流すように、20回くらいすすぎます。

5

たっぷりの泡で 顔を洗う

洗顔料を泡立て、たっぷりの泡で大きな円を描くように、顔を洗います。洗顔後、水で20回くらいかけてすすぎます。

日頃の 落とし穴

めんどうなので 髪もまとめずに洗顔

洗い残しやすすぎ残しは、生え際に多いもの。前髪やサイドの髪をまとめ、その後、手洗いを。

水洗いせずに いきなり洗顔料をつける

まず水で2〜3回すすいで汚れを流します。洗顔料の泡立ちもよく、皮脂汚れが落ちやすくなります。

ざっくりとしたすすぎ

すすぎ残し部分から吹き出物が発生してしまいます。20回くらいかけてしっかりとすすぎましょう。

クレンジング料は少量

クレンジング料が少量だと、指が滑らずに肌をこすってしまいます。指が滑る程度が適量です。

長坂靖子

整顔オステオパシーで顔の歪みを整えます

顔の左右のバランスが整うだけでなく頭痛がやわらいだり代謝アップも

顔の美しさは左右、前後のバランスがとれた骨格と表情筋によって決まります。しかし、噛むときに一方だけの歯とあごを使っているなど、何気ない動作を繰り返すことで、顔に歪みが生じてしまいます。

顔が歪んでいるということは、顔と直結している頭蓋骨にまで弊害が生じているということ。特に脳周辺は全身で最も神経が絡み合い、血液の60%が集中しています。顔の歪みから、血流の悪循環が起こり、頭痛に悩まされたり、代謝が悪くなるなど、健康にも影響をおよぼします。

顔の歪みには整顔オステオパシー（恒常矯正）のマッサージが効果的です。マッサージによって目元がはっきりし、瞳がいきいきする、また鼻筋が通り、鼻づまりが解消されるなど、顔の本来の美しさや健康を取り戻すことができます。顔面筋を鍛えて表情豊かに、頭の骨を矯正して、リンパの流れをよくしましょう。

毎日の日課に！
顔面筋エクササイズ

眉毛を持ち上げるように目を大きく開きます（5秒）。

目を閉じたまま、眉毛を持ち上げます（5秒）。

口を閉じ、口元だけを笑うように口角を持ち上げます（5秒）。

背筋を伸ばし、天井を見上げ、下あごを突き出します（5秒）。

肩に手を置き、逆方向に顔を向けます（5秒）。同様に逆も。

Let´s Try

即効！　顔の印象が変わる
悩み別・セルフ整顔法

悩みに応じて、頭の骨の矯正を行います。
気持ちいいなと感じるぐらいの刺激で行います。

目尻のシワ・クマが気になる

中指と薬指で頬骨を外側に開きます。頬骨の反対側のおでこを、親指で押さえます。同様に反対側も行います。

口元・あごのラインがアンバランス

おでこの骨の外側、角の骨と下歯ぐきの骨にそれぞれ手を置きます。右手と左手を左右逆方向にねじります。逆も行います。

疲れたときに目が落ちくぼむ

親指を目の下の骨に、人指し指を目の外側の骨に。もう片方の親指を目の上の骨に置き、3点同時に矢印の方向に押します。逆も。

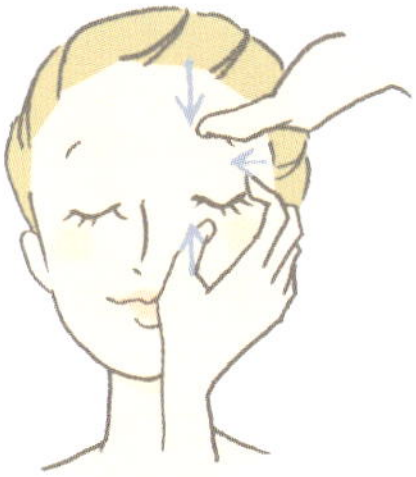

フェイスラインの歪みが気になる

頬骨の横に手の平をあて、こめかみまで引っ張ります（5秒）。そのまま口角まで手を下げます（5秒）。

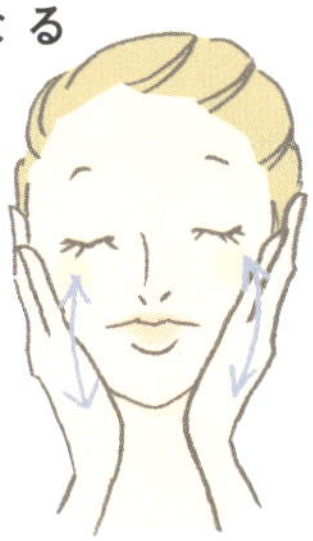

目元・鼻筋の歪み

おでこの骨の外側の角と、上歯ぐきの骨の鼻横に手を置きます。右手と左手を左右逆方向にねじります。逆も行います。

指導していただきました

インストラクター 山本強美さん

フットセラピー・マイスタースクール、セラピスト。顔シンメトリー矯正やリンパ系セルフマッサージなどの講師を務める。「メイクでカバーするよりも、まずは顔の矯正から」

石坂直美

夜のスキンケアは時間をかけます

オフはできるだけノーメイク
フェイスマスクは週に2度

肌への負担を最小限に抑えたいので、休日のときはメイクをしないようにしています。メイクは嫌いではないのですが、まずは自然体の美しさを極めたいんです。何年か先の素肌を美しく保つことにもつながりますから。だから基礎のスキンケアには、時間をかけます。

メイクしていないときでもクレンジングをして、顔についたほこりや皮脂汚れを落とします。そして洗顔。ノーメイクのときは1回、メイクをしたときは2度洗いして、メイクとクレンジング料の油分をきちんと落とします。

お風呂から上がったら、コットンにたっぷりと化粧水を含ませ、目のまわりなど、浸透しにくい部分にしみ込ませます。ほかは手を使ってなじませます。乳液は手の平にまんべんなくのばし、顔を軽く押さえ、温めるようにしてじっくりとしみ込ませます。フェイスマスクは1週間に2回行い、美容成分を補給。特に夜のスキンケアはリラックスして行うと、肌への浸透率が高まるような気がします。

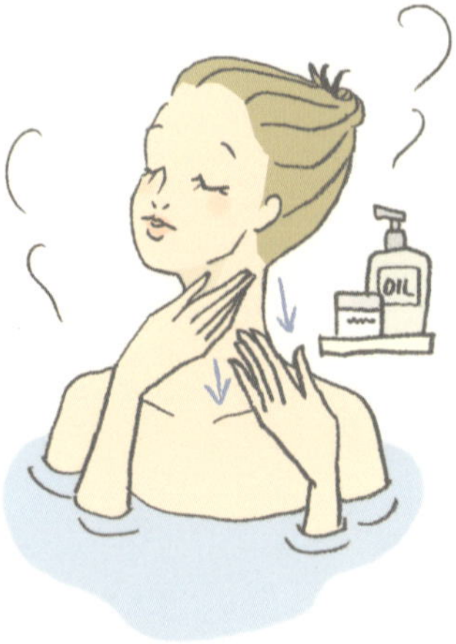

首筋と鎖骨のくびれ部分に流れるリンパをマッサージすると、顔のくすみを解消できます。オイルで顔をクレンジングしながら、続けてリンパもマッサージ。温まった手でよりリラックスできます。

Let´s Try

夜に十分な美容補給
顔も髪も、美しく作る

メイク落としからスキンケアの流れを伝授。
クレンジングと洗顔はバスタイムを有効に使って。

1 ホットクレンジング

オイルクレンジング料を適量手に取り、手の平で温めます。顔全体に、らせんを描くようにになじませて、汚れを浮き上がらせます。

2 リンパマッサージ

なめらかな手のまま、簡単にリンパマッサージを。首筋を上下にさすり、鎖骨のくびれ部分をやさしく押します。その後ぬるま湯ですすぎます。

首の太い筋
鎖骨のくびれ

3 洗顔

1回目の洗顔。洗顔料をネットを使って泡立て、顔を洗います。額→頬→鼻→口まわり→あごの順に洗い、その後しっかりすすぎます。

4 洗髪

シャンプーとコンディショナーの後、トリートメントをします。温めたタオルで髪を包み、スチーム効果でトリートメントを浸透させます。

髪に
浸透させる

5 半身浴

バスタブに浸かって、体をじっくり温めます。お湯の量は胸下ぐらい、温度は38度くらいが適当。汗をかいてきたら、上がります。

6 体を洗う＆2度目の洗顔

髪をすすぎ、乾いたタオルで包みます。そして体を洗い、2度目の洗顔。すすいだ後、再度バスタブに浸かります。汗をかいてきたら上がります。

7 化粧水

上がったら水分補給をして化粧水。浸透しにくい目のくぼみ部分はコットン、そのほかは手で肌になじませます。週に2回はフェイスマスクを。

8 乳液

乳液を手の平に取り、顔を軽く押さえるようにして肌へ浸透させます。バランスボールをしながら、リラックスしてスキンケアを楽しみます。

リラックスしながら
やると効果的

菅野安希子

世界のミスに教わった アボカドパックを実践！

肌のくすみや乾燥が気になったときに 天然のアボカドクリーム

世界大会に出場したとき、南米地域代表のミスたちからアボカドパックを教わりました。手軽で効果は抜群と、絶賛だったのでとても興味を持ち、さっそく試してみたところ、納得しました。

アボカドの実を潰して、顔全体にパックするだけで効果が表れます。ビタミンやミネラルを含むアボカドのおかげで、肌が潤い、白くなった気がします。さらに、くすみが気にならなくなり、もっちりとした肌触りを実感できます。

パックする前、野菜室で冷やしておけば、保冷パックのように、顔の引き締め効果も期待できます。夏場のほてった肌やお風呂上がりにもおすすめです。アボカドの果肉はとてもなめらかで、顔にのせたときの心地よさは、しっとりしたクリームパックのよう。最近ではアボカドを原料にしたスキンケア商品がよく出ているので、より安心してパックしています。食べてもおいしいので、半分はサラダに半分はパックにと有効活用しています。

アボカドパックで肌が潤い、乾燥肌の悩みを解消。くすみが消え、肌が明るくなったような気がします。

Let´s Try

豊潤な果実が肌に潤いを与える
アボカドパック

生の果実の力を肌で実感してください。
顔や手のほか、ヘアパックとしてもおすすめです。

1 アボカドを選ぶ

アボカドは未熟な果実より、皮が黒く熟しているほうがクリーミーで、潤い効果を期待できます。半分は食べて、残り半分をパックに使います。

2 やわらかくなるまで潰す

アボカドの種を取り、皮をむいて、実をボウルに入れます。フォークを使って、やわらかくペースト状になるまで潰します。

3 パックする

ペースト状にしたアボカド適量を、顔全体または、乾燥が気になる部分にのばします。15～20分くらいパックします。

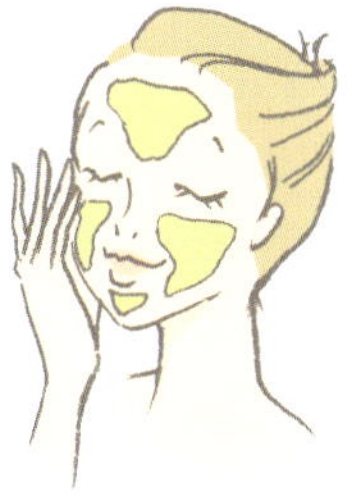

4 拭き取り、洗顔

ティッシュでアボカドを拭き取り、洗顔料を使って、洗顔をします。洗顔後、潤いに満ちた、しっとり肌を実感できます。

CHECK

**自然の果実
アボカドパワー**

肌によいビタミンA、C、老化防止によいEを含みます。マグネシウムなどミネラル類も豊富。栄養価が極めて高いことから"森のバター"といわれています。

石坂直美

フルート、歌のレッスンで顔と腹筋を鍛えています

見られている意識を持ち軽い運動で体を鍛えます

フルート演奏や歌で最高の音を出すために、体から鍛えています。レッスンでは硬くなっている体を、屈伸などストレッチでほぐすことからはじめます。次に肺活力を鍛えるため、腹筋、背筋を30回ずつ。その後、腹式呼吸のトレーニングを行います。より安定した音を出すには、やはり日頃から鍛錬された、腹式呼吸が必要なのです。

まず息を全部出すように吐いて、お腹をへこませるように意識します。次に息を吸うとき、自然とお腹がふくらんでいることを確認します。続いて、息を全部吐きます。そのとき、お腹が自然とへこむようになればベスト。8拍（吐く）、4拍（吸う）のリズムで行うようにしています。音楽のためにやっていることが十分に運動になり、おかげでお腹まわりの筋肉が鍛えられました。

最後に口角を上げる運動。発音のためだけでなく、見た目の印象も大きく変わります。口角まわりが柔軟になると、自然に素敵な笑顔が生まれるようになります。

いつも鏡の前でトレーニングを行っています。口角が下がっていないか、背筋が曲がっていないかなど、観客からどのように見えているかをチェックします。笑顔の練習に、とても役立ちます。

Let´s Try

小顔効果もある

表情筋エクササイズ

顔の表情筋を鍛え、美しい笑顔を手に入れましょう。
写真写りも、より素敵になります。

1 指3本で頬を持ち上げる

人さし指、中指、薬指を使い、頬下から耳に向かって押し上げます。輪郭に沿って持ち上げるようにし、緊張をほぐします。

2 中指で口角を上げる

上唇と下唇の左右両方の交わる部分を口角といいます。口角を中指で5秒間上げます。3～5セット繰り返します。

3 表情筋を緩めて笑顔

あごを引いて、指を使わずに口角を上げます。普段から口角アップを意識すると、いつの間にか自然な笑顔が生まれます。

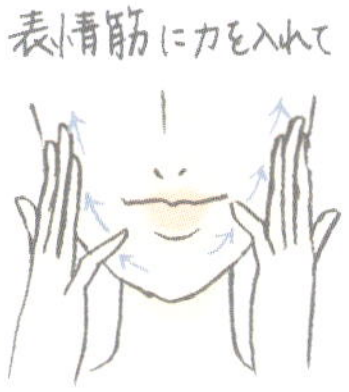
表情筋に力を入れて

口角を軽く持ち上げる

あごを引いて

毎日の
日課に！

頬のエクササイズ

毎日行えば、1か月後には
気になっていた頬もすっきり

1

手を使わずに、顔だけを動かす運動です。右側の頬と口角を、一緒にニコッと引き上げます。これを1回と数えます。

2

次も、手を使わずに行います。1と同様に、左側の頬と口角を一緒にニコッと引き上げます。これを1回と数えます。

3

右→左1セットとして合計20セット行います。頬がすっきりして、引き締まったフェイスラインになります。

菅野安希子

普段よりも気づかった妊娠中のスキンケア

過敏になっている肌はすぐにやさしい対処を

妊娠中の肌質は、普段よりも過敏になっています。肌が乾燥しやすくなっているので、十分な保湿ケアが必要です。肌が弱い人の場合は、肌荒れやかゆみをともなうこともあるそうです。

また、女性ホルモンの影響により、メラニン色素が増え、色素沈着が起こりやすい肌質になっています。うっかり紫外線を受けてしまうと、いつもよりもシミやそばかすができやすいので、日傘や帽子、日焼け止めなどでＵＶ対策をしました。

妊娠中はメイクもなるべくしないようにしていました。出産後も子どもと顔を近づけてスキンシップをとることが多いので、休日は基本的にファンデションーンを塗りません。メイクした日は帰宅したら、すぐにクレンジング。肌を清潔に保つように心がけています。

肌のお手入れはとてもシンプル。少し贅沢といえば、ミネラルウォーターで洗顔していることでしょうか。以前、出張先で水が肌に合わなかったとき、思いつきでミネラルウォーターですすいでみたんです。とってもよかったので、今も続けています。

ミネラルウォーターで予洗いとすすぎをします。水道水が肌に合わないという人に、おすすめです。飲み水はもちろん、洗顔の水も肌に影響するので、こだわって選びたいものです。

Let´s Try

知っておくと安心

妊婦さんのトラブルケア

妊娠中の肌や体に起こりやすい症状と予防法を紹介。きちんとした対策で出産後も理想の肌をキープ！

1 保湿ケアでかゆみ予防

皮膚のかゆみ予防には、乳液や保湿クリームで常に乾燥を防ぐことが重要。かゆみがひどい場合は、かかりつけの産婦人科医師に診てもらいましょう。またシャンプーや下着など、肌に直接触れるものは、刺激のないやさしいものを選びます。

2 妊娠線の予防

お腹が大きくなると、皮膚に線（妊娠線）が表れます。完全な予防は難しいですが、保湿で抑えることはできます。かかりつけの産婦人科医師がすすめるクリームで、皮膚のマッサージをしましょう。また、体重の急増は避けます。

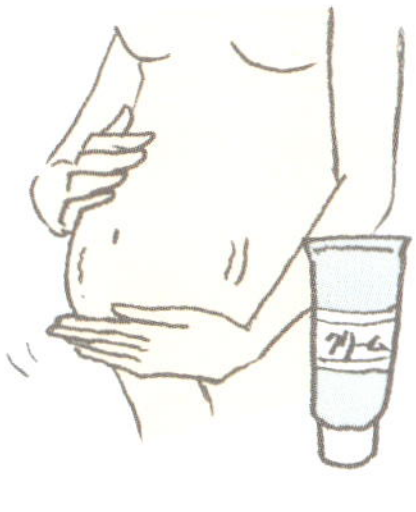

3 むくみには減塩

妊娠後期になってくると、むくみやすくなります。妊娠したときから、食事を減塩して、むくみを回避しましょう。

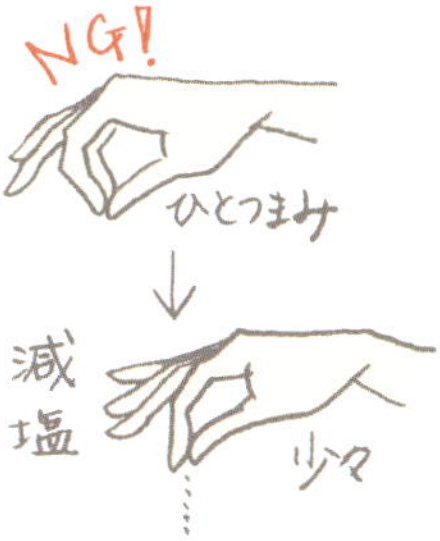

4 パーマ、カラーはNG

肌が敏感になっている妊娠中は、パーマやカラーリングは避けたほうがよいでしょう。薬剤のにおいで、気分が悪くなることもあるようです。

5 日光過敏にUVクリーム

妊娠中は日焼けしやすい肌質になっています。低刺激のUVクリームや日傘、帽子などで紫外線を予防しましょう。出産後は赤ちゃんにも紫外線対策が必要です。

村田しのぶ

肌白の美肌計画は UVケアとコラーゲン

日差しを避けて 透き通る肌を目指します

　白さの秘密は、ちょっとしたお出かけのときも帽子をかぶること。紫外線が強くなる春先から対策をとります。日傘よりも帽子が好きなので、おしゃれを楽しみながら予防しています。UV防止加工された帽子もあります。

　また最近、年齢に合わせて、夏場のスキンケアの方法を少し変えています。以前までの朝のスキンケアは、さっぱりとした化粧水にUV下地だけでした。今は乾燥など、日中に受ける気候ストレスに対するケアもしています。化粧水をした後に、美白と保湿効果のある、さっぱりタイプの美容クリームまたは美容液を多めにプラス。そしてUV下地、メイクで完了。美白効果はもちろん、日中潤いが続き、メイクの持ちもいいです。さらに夜、肌をチェックしてもいい状態が続いています。

　ほかにも、肌の生成に欠かせない、コラーゲンを含む飲料を飲むようにしています。おいしく飲めて、体のなかから美肌計画を実行しています。

ドリンクタイプであれば、気軽に栄養補給できるのでおすすめです。体のなかから健康になるのが一番の近道かもしれません。コラーゲンだけでなくアミノ酸、大豆イソフラボンなども摂取しています。

Let´s Try

今からでも遅くない

美肌計画

紫外線を放っておくと、シミやシワの原因に。
誰でもできる簡単な美肌作りを教えます。

1 ファッション小物

つばの広い帽子や日傘、サングラスなどを身につけて日焼け対策をしましょう。またＵＶ加工されたアイテムならさらにGOOD。

2 こまめに日焼け止めを

夏場の日焼け止めは、こまめに塗り直すことが大切です。首の後ろ、鎖骨付近などうっかり焼けのないようにしましょう。

3 コラーゲン飲料で補給

潤いのある皮膚の生成には、コラーゲンが必要です。カロリーを抑えた飲料などで、積極的に摂取しましょう。

CHECK

日焼け止めを見直そう

UV-A、UV-Bとは
UVとは紫外線のこと。UV-Aは皮膚の組織まで届き、肌の張りを奪い、シワの原因を誘発します。曇りでも降り注いでいます。UV-Bは皮膚に当たって、日焼けを起こします。

SPFとは
UV-Bによる日焼け防止効果を表し、数値が高いほど効果が持続。SPF1の効果は20分くらい。

PAとは
UV-Aによる皮膚の破壊防止効果を表します。＋～+++の3段階で表し、＋が多いほど高い効果が得られます。

SPF5～15 PA＋	短時間の生活日照。例えば毎日の買い物、子どもの病院や幼稚園などの付き添いなど。
SPF10～30 PA＋＋	長時間の行動。屋外での食事などのレジャー、ウォーキングなどの軽い運動など。
SPF30以上 PA＋＋＋	炎天下でのアウトドアスポーツ。ゴルフやテニス、屋外プール、海水浴、登山など。

数値が高いほど日焼け止め効果は高いですが、肌へのリスクも。数値の低いものをこまめに塗り直すことで、高い数値のものと同じような効果を得られます。

大工原 忍

和装を引き立てるメイク

いつもより口元を濃く 着物の色柄に合わせたメイクを

着物の色柄や目的に合わせて、チークやリップなどの色を変えます。基本的には普段のメイク法とあまり変わらないのですが、リップは濃いめに仕上げて、着物とのバランスをとるようにしています。明るいかわいらしい着物であれば、メイク全体の印象は明るめにし、リップはピンク系を選びます。落ち着いた大人の着物には、ナチュラルベージュ系などでしっとりと。アイメイクにはあまり色を使わずに、シアー系など艶やかな質感でまとめます。

眉の形も重要です。20代前半の頃は角度をつけて描いていましたが、大人の着物スタイルには似合いません。眉頭、眉山、眉尻の太さが3：2：1のバランスにすると目の印象が際立ち、女らしさを引き立てます。眉毛の描き方ひとつで、幸福顔になるのです。顔全体を左右するベースメイクもていねいに。クマが気になる場合は、はじめにファンデーションを目の下にのせ、ムラなくのばすことでカバーでき、くすみのない明るい肌に仕上がります。

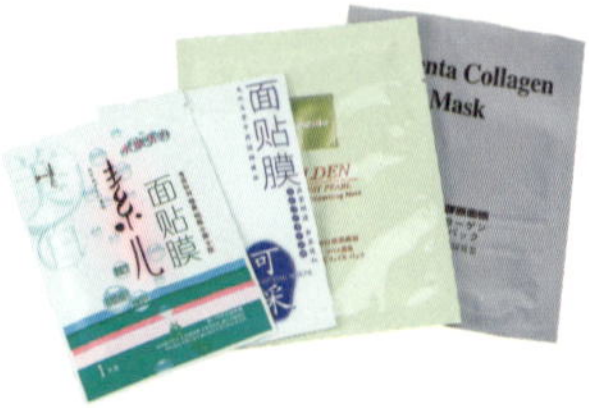

着物を着たときのメイクは、普段よりも濃くなっているので、夜はコラーゲン入りパックで肌をいたわっています。

口元のケアには「BEAUTRIZM」。濃い口紅は色素沈着するので、角質取りと、美容液でケアします。

Let´s Try

今日の装いに合わせて

着物のヘアメイク

着物に合わせたメイク法をマスターしましょう。
ヘアスタイルはまとめ方のポイントを教えます。

アイメイク

アイラインはまつげの生え際に滑らせるように引きます。ラインは細めに引き、目尻のところで少しだけハネさせます。

チーク

オレンジベージュ系のチークを頬から耳の方向へ頬骨に沿って入れます。顔の重心が高くなり、横顔もすっきりします。

ベース

まずカバーしたいポイントからファンデーションを塗ります。おでこは薄めに、頬は濃いめに重ねづけして、立体感を出します。

ダウン

アップとダウンを組み合わせれば、愛らしい印象に。サイドで髪をまとめて前に垂らし、大人のかわいらしさを演出。

眉

眉頭・眉山・眉尻の太さのバランスは3：2：1がベスト。黒目の上の眉部分を少し濃くすると、目ヂカラがアップします。

リップ

着物にピンクが入っているので、リップの色も合わせます。輪郭はやや濃いめに入れて、グロスでみずみずしく。

アップ

後頭部にボリュームを持たせて、着物ならではの華やかさを演出。ポイントはしなやかな髪の流れを作ること。

飾り

ヘアジュエリーは髪も着物も引き立たせます。上品な着物には、華やかなバレッタを合わせてワンポイントにすると◎。

長坂靖子

困ったときは美容皮膚科と上手につき合いましょう

皮膚細胞の構成を理解し自分に合った対処を

毎日肌と向き合っていても、どうしても避けられないトラブルにぶつかることがあります。例えば、大気汚染やストレスによる影響、年齢にともなった肌現象など。

そんなときは悩まずに、医師に相談します。現在、美容に関するさまざまな情報が溢れていますが、美容皮膚科では医学に裏打ちされた、正確な知識を得ることができます。個人の肌質に合った美容法をアドバイスしてくれるのはもちろん、新しく解明された美容技術や有効成分をいち早く取り入れることもできるのです。

現在、28日周期で繰り返されるターンオーバーに合わせて、スキンケアを施しています。イオン導入やケミカルピーリングなどを取り入れることで、肌の生成力を高めることができます。最近ではシミの原因、紫外線対策を見直すようになりました。そこで出会ったのが「フラーレン」。シミの悩みを先生と話したことから、共同開発にいたり、真の美白法を手に入れることができた気がします。

本田先生と共同開発のブランド「DiaLa」(ディアラ)のフラーレン入りコスメライン。フラーレンは体内で発生した活性酸素を除去する非常に抗酸化力の強い夢のような物質。1本で化粧水・乳液の役割を果たすFコンプレックスVCジェルは優れもの。

左／FコンプレックスVCジェル
中／日焼け止めSPF20
上／サンケアジェル

Let's Try

手元のUVアイテムを見直して

美白について学びましょう

肌の構成を知って、正しい紫外線対策をしましょう。

肌の構成について

皮膚は大きく分けて表皮・真皮・皮下組織に分かれています。表皮は一番表側の層で、基底層、角質層などから成ります。肌は基底層から角質層に変化し、垢になります。

メラニンとは

メラニンは黒色の色素細胞で、基底層に存在します。紫外線が免疫細胞まで届かぬようメラノサイトが吸収し、メラニンを作り出して、活性酸素によってシミとなります。

従来の美白法

従来のUVケア商品のほとんどが、肌表面に塗って、紫外線をブロックする方法です。つまり基底層に潜む、活性酸素は存在したままです。

最新の美白法

フラーレン入りジェルを肌に塗ると、基底層まで届き、シミの発生源、活性酸素を除去します。フラーレンによって抗酸化力も大きくなり、肌本来が持つ機能をよみがえらせます。

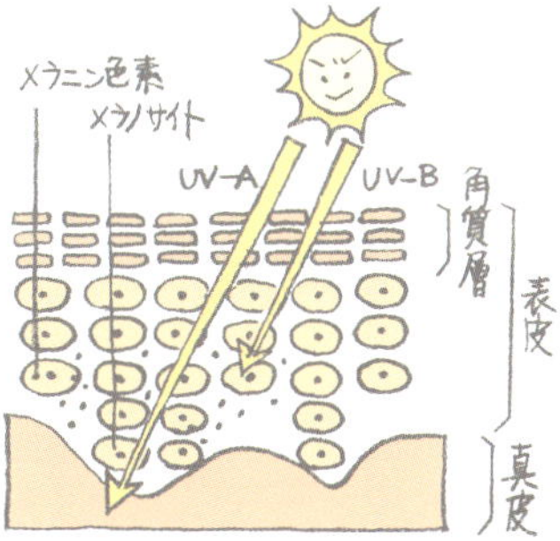

指導していただきました

美容皮膚科医、美容外科医 本田昌毅先生

本田メディカルホールディングス代表。六本木、沖縄、仙台、高松、中国にクリニック開院。フラーレン入りコスメブランド「DiaLa」（ディアラ）を長坂さんと共同開発。「フラーレンは厳格な安全基準（GLP基準）をクリアした、美白アイテムです。ナノテクの力を試してみてください」

石坂直美

美脚を作るために欠かせない脚のマッサージ

脚の疲れをもみほぐし血流をよくします

仕事でヒールのある靴を履くことが多く、1日の終わりには脚がむくんだり、冷えたりして、朝履いてきた靴がきつく感じることも多々あります。そこで欠かせないのが、帰宅後の脚もみマッサージ。母が整体師なので、施術を受けて、ツボがどこにあるか教えてもらったりしながら、疲れをやわらげています。

ツボを刺激して、体内に流れるエネルギーと血液の循環をよくし、正常に働くよう促すのが、ツボマッサージ。気分もスッキリし、老廃物も取り除くことができます。特に足の裏のツボ刺激は、足の疲れを取るだけでなく、胃腸が弱っているなど、体内の不調を発見することもできるので、日頃から行っておきたいですね。

マッサージのポイントは部位によって施し方に変化をつけること。足の裏は時間をかけて、ゆっくりと圧をかけます。ふくらはぎは細かく押しながら、足首から膝へ向かってマッサージするとシェイプ効果が表れます。

足は“第二の心臓”といわれています。足を押して、もむだけで、疲れが軽減。そのほか、体の不調の改善にも役立ちます。足をもむことで、血液循環がよくなり、老廃物が体外へ排泄されます。

Let´s Try

スラリ脚になるために

むくみ解消足マッサージ

デスクワークの人にもおすすめのマッサージ法。
1日10〜30分で疲れが取れて、気分もスッキリ。

1 ふくらはぎマッサージ

①ふくらはぎを両手で覆い、足首から膝裏までを左右の親指を使って、交互に押します。
②次は両手を同時に動かして、足首から膝裏までのふくらはぎをもみほぐします。
③ふくらはぎの外側、内側に両手を当て、下から上へさすります。
④仰向けに寝て、体に対して両脚が90度になるように上げます。脚の力を抜いて、ぶらぶら揺らします。

2 脚の疲れをほぐすツボ

足《あし》三《さん》里《り》（膝の皿の下から指4本分下、脚の外側）、陽《よう》輔《ほ》（外くるぶし隆起ライン上のすね）、太衝《たいしょう》（足の甲側で、親指と人差し指の骨の間）を押します。中指または親指の腹で20秒もみほぐします。

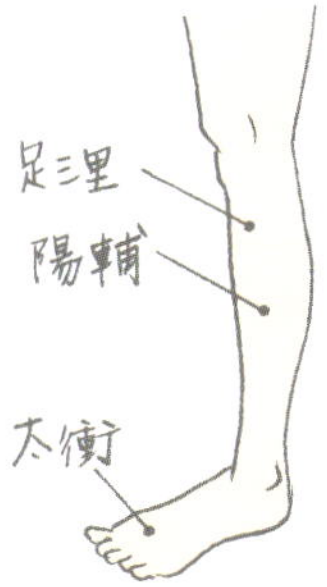

3 寝る前に脚を心臓よりも上に

寝る前の15分ほど、脚を心臓よりも高い位置に置きます。足先に溜まった血液を心臓へ上げるようにすると、血液の巡りがよくなり、むくみを解消できます。また足先の冷えにも◎。

日頃の落とし穴

むくみCHECK

□ふくらはぎがブヨブヨしてたるみがある
□ふくらはぎに弾力性がなく、張りを感じない
□ふくらはぎを押さえるとしこりがある
□ふくらはぎ下が重くて、だるい
□足首あたりが締まっていない

以上１つでもチェックがあると、
むくみやすい体質です。

宮崎 京

ネイルサロンを利用して指先にも磨きをかけます

意外と見られている手
爪にはオイルやクリームで潤いを

手先は意外と人に見られているものです。そして、しなやかな手の動きやネイルカラーがきちんと塗られた美しい指先は、人の目を惹きつけるもの。だからこそ、爪のお手入れは女性にとって、大切な身だしなみのひとつだと思います。私は指先を美しく保つために、ネイルサロンを美容室に行くような感覚で利用しています。ネイルデザインを変えると気分転換にもなるんです。

ネイルサロンでは、オイルやクリームで指先のマッサージもしてくれます。気持ちがよくて疲れが吹き飛び、何より指先や爪が健康になります。何度ネイルカラーを塗っても、発色も仕上がりもなめらかなんです。ネイルサロンに通いはじめてから、自宅でもネイルケアをするようになりました。ファイル（爪やすり）とオイルがあれば十分なので、手軽にできます。爪は3層になっているため、爪切りで切ると二枚爪になりやすいので、ファイルを使って、長さを調節するのがポイントです。

ネイルデザインは出かける目的に合わせたり、洋服の色柄で決めたりします。ほかに、ネイリストおすすめのデザインを聞いて決めることも。ネイルはアートなので、鑑賞を楽しみます！

Let's Try

美しさは爪先から ネイルケア

オイルを用意して、自宅でできるネイルケアを紹介します。爪の健康状態もアップ。

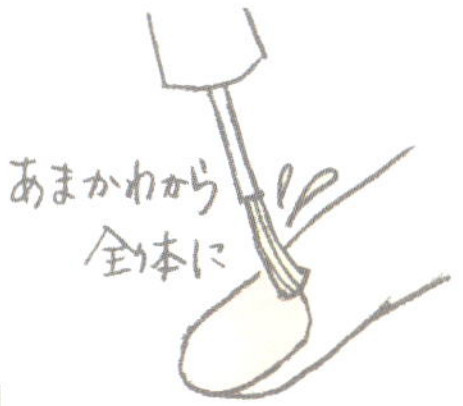

1 オイルを塗る

水をつけた綿棒やコットンスティックで、あまかわを掃除します。キューティクルオイルをあまかわ部分に少しだけ塗り、全体に広げます。

2 オイルを爪に塗り込む

あまかわ部分から爪全体に、オイルを塗り込みます。指の腹をらせん状に動かしてマッサージします。

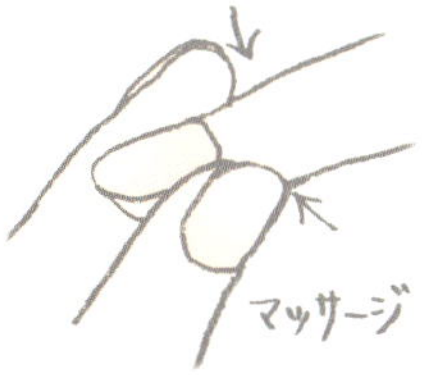

3 指先を軽く押す

爪だけでなく、指先を1本ずつマッサージします。あまかわ部分、爪、指先横を軽く押します。これを毎日続ければ、健康な爪に。

持っておきたい ファイル&キューティクルオイル

ファイルとは爪やすりのことです。爪の長さや形を美しく整えます。加えて、キューティクルオイルがあれば、健康な爪をキープできます。あまかわ部分にオイルをしみ込ませれば、爪の生え際からケアできます。

指導していただきました

ネイリスト
小杉由香さん・舘向由起さん

ネイルサロン「camis」、ネイリスト。「爪の生え際から乾燥を守ることが大切。爪の縦シワも解消できます」

長坂靖子

かかと・肘・膝にこそその人が出ます

3ポイントが欠点だと ファッションスタイルにも影響

つい目につくところばかりに集中してしまいがちな、お肌のお手入れ。実は見えにくいかかとや肘、膝もファッションスタイルをよく見せるためには、欠かせないパーツなのです。これらのパーツのケアをすることによって、美しいバランスを保つことができます。

かかとがきれいだとサンダルを履いても美しく、ストッキングもスムーズに履けます。半袖やノースリーブのときには肘が、スカートのときには膝の美しさが重要になります。この3ポイントを放っておくと、ファッションに影響するだけでなく、乾燥して肌荒れの原因になります。

かかと、肘、膝は同じケアアイテムを使用してOK。まずはバスタイムに石けんで体の老廃物を取り除きます。入浴後にボディクリームでマッサージを行いながら血行を促進。マッサージすることで、肌のトラブルを抑えることができます。最後にオイルを塗り、乾燥から肌を守ります。これを毎晩、水分が奪われやすいお風呂上がりに行います。

すべて天然成分。フルーツ成分入り石けんは「sensoria」。ボディクリームはジェル状の「natura」、ともにブラジル産。オイルは季節や肌の状態によってセレクトします。

Let's Try

パーツを徹底的に保湿

かかと・膝・肘ケア

石けん、ボディクリーム、オイルの順に使用。
かかと・膝・肘の周辺からケアしていきます。

1 かかとのカサカサに

よく洗って老廃物を取り除いてから、クリームでかかとまわりをケアします。かかとの硬い部分をほぐしながら、円を描くようにして塗ります。

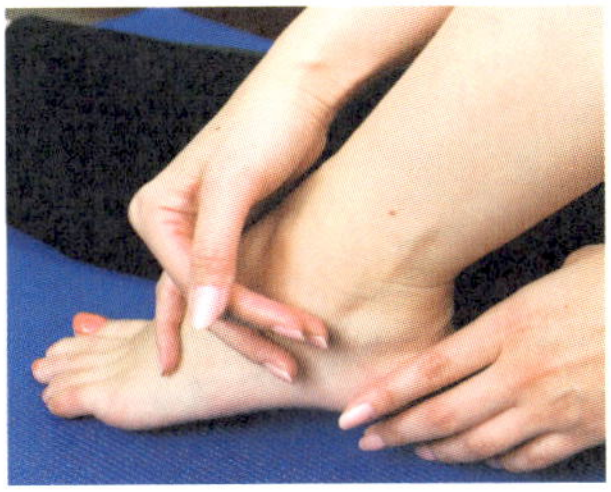

2 黒ずんだ膝に

膝から膝のまわりにかけて、クリームを塗ります。疲れが溜まりやすい膝のまわりを、両手で温めて、疲れを取ります。

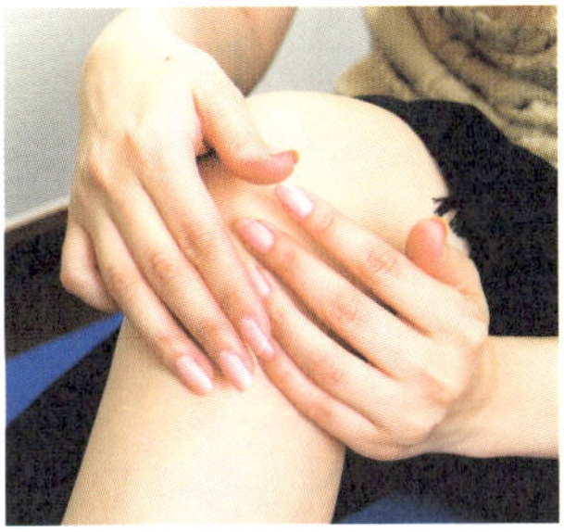

3 シワのある肘

乾燥してカサカサと白いシワになりやすいので、オイルをたっぷり塗ります。肘から二の腕へ、上に向かってマッサージすればシェイプ効果に。

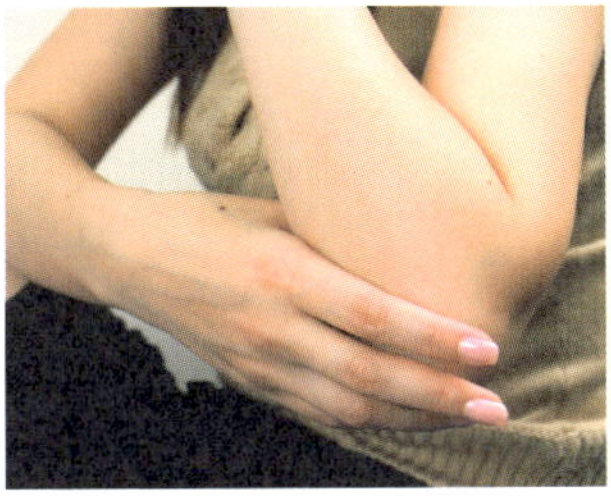

日頃の落とし穴

膝をついて床掃除

膝に血液が溜まったり、肌を床との摩擦で傷つけるなど、黒ずみの原因になります。

頬杖をつく

肘にかなりの負担がかかってしまい、赤みを帯びます。机との摩擦によって、乾燥します。

かかとのカサつきを放っておく

冷え性の人は肌の乾燥から肌荒れに発展することも。悪化すると痛みをともなうこともあります。

パソコン中、肘に重心がかかっている

肘が机に当たり、擦れて赤くなります。赤みから黒ずみに沈着してしまうこともあります。

村田しのぶ

色や香りを楽しみながら半身浴

自分の好きなものを取り入れれば自然にリラックス効果も

お風呂のお湯の量は、子どものために少なめに入れているので、自然と半身浴に。浴室で過ごす時間も、子どもを２人入れるので長時間になり、サウナ状態です。でも、汗をたっぷりかくことができ、血行も促されて新陳代謝が高まるので、自然と健康的な体に。半身浴は毛穴が開き、皮脂汚れも落としやすくなるので、美容にも最適です。

そして、子どもを入れた後は、自分のバスタイムを存分に楽しみます。体が疲れているときは、体のこりや肌のカサつきに効く成分の入った入浴剤を入れたり、泡風呂のときは最後に、冷え性に効く、バスソルトを入れるなどしてケアをしています。

また、香りも好きなので、入浴剤をはじめ、アロマキャンドルも香りにこだわって集めています。アロマキャンドルを浴室に置いて、お気に入りの香りに包まれながらの半身浴は、まさに至福のとき。忙しい毎日を忘れ、とてもリラックスできる大切な時間です。

ココナッツなどの甘い香り、フルーツや花の香りなどが好きだとか。今使っているのはバニラの香り。自分ひとりの時間だからこそ、浴室にキャンドルを灯して、幻想的な雰囲気を大切にしたい。

Let´s Try

お気に入りの香りに包まれて
リラックス半身浴

ストレス解消のカギは半身浴にあります。
好きな香りでよりリラックス効果が得られます。

お風呂の温度は38度

お湯の温度は熱いと感じない程度の、38度からやや低めくらい。夏と冬では多少体感温度が変化します。浴槽に10〜15分くらいつかります。

季節に合わせた入浴剤

春は桜、夏はマリン、冬はゆずなど季節に合わせて入浴剤を。またハートや花びらなど、モチーフのかわいい入浴剤で気分を盛り上げます。

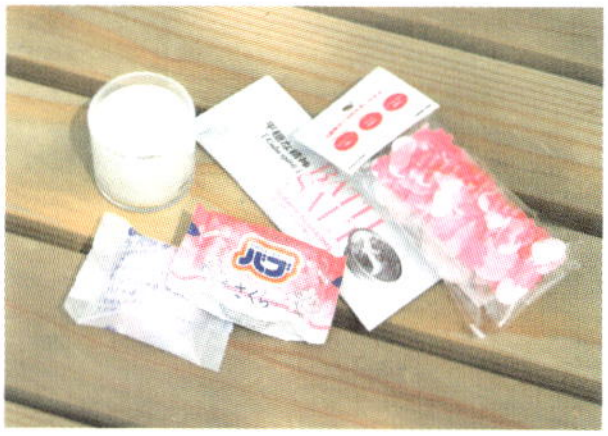

子どもも使うボディソープ

無添加のボディソープ「ココナチュラ」。敏感性の肌によく、低刺激で安心して使えます。石けんのやさしい香りで、子どももお気に入り。

自分のバスタイムは好きなキャンドルを

浴室でのアロマキャンドルは、香っても眺めても、いい気分にさせてくれます。また、リラックス効果が続き、安眠をもたらしてくれます。

日頃の落とし穴

水分補給せずに入浴してしまう
入浴前も水分補給します。脱水症状の予防と汗をかきやすくするため。

熱い湯に入る
熱い湯は心臓に負担がかかるだけでなく、のぼせの原因になります。

胸上までの湯の量
半身浴に適したお湯の量は、胸下ぐらいです。15分ほどつかりましょう。

硬さを感じるタオル
やわらかく清潔で水分の吸収のよい、綿100%のタオルを使いましょう。

長坂靖子

基本のストレッチは美しい体への近道

腕や脚を伸ばして体をやわらかく、気持ちよく

日々健やかに明るく過ごせるのは、ストレッチのおかげです。筋肉や腱などを伸ばすことで、関節の動く範囲（可動域）が広がり、硬かった体が柔軟になります。特に腕や脚などの筋肉を伸ばすと、血液やリンパの流れがスムーズに。結果、老廃物が排泄しやすくなり、むくみが改善されたり、代謝が高まるため、冷え症の方には最適です。

体をやわらかくするにはお風呂上がりが一番理想的ですが、入浴前にストレッチをして水分を摂り、その後汗をかきやすくなった体で半身浴をして、新陳代謝を高めるという方法もおすすめです。

まずは簡単なストレッチからはじませんか？　例えばウエストのくびれを作るエクササイズ。腹斜筋をねじることにより、ウエストのくびれを作ります。骨盤が浮かないように下半身をしっかり固定し、ウエストを絞ることを意識し体をねじります。骨盤・バスト・肩は床と平行になるようにします。ゆっくり呼吸し、リラックスして行います。

ウエストのくびれを作るエクササイズ。左脚は伸ばし、右脚は曲げて左脚の外側に。左手は右脚のひざに置きます。背筋を伸ばし、背筋と腹筋をねじることを意識しながら30秒間キープします。

Let´s Try

リンパの流れをスムーズにする
ストレッチ

呼吸はゆっくり、反動はつけないようにしましょう。
体調を見ながら行うようにし、無理は禁物です。

脚の内側と体側を整える

骨盤から脇・腕にかけて大きく伸ばすことにより、リンパの流れがスムーズになります。体側が伸びていることを感じながら、左右3回行います。

1 右脚を開き、左脚は曲げる

右脚を大きく開き、左脚は折り曲げます。このとき、上体はまっすぐにキープします。

2 右脚の親指を持つ

右手で右足親指を持ちます。右脚の膝、足の指は真上に向けます。上体と顔も前に向けます。

3 弧を描くように曲げる

顔を右に傾け、左手を大きく弧を描くようにして、右手につけます。この状態で30秒間キープします。

きれいな脚のラインを作り、下腹をへこます

腰から脚の後ろ側を伸ばすことにより、まっすぐな脚を作ることができます。さらに腹筋を使うので、下腹をすっきりさせることができます。

1 まっすぐ座る

背筋をまっすぐ伸ばし、背筋と下半身がL字になるように座ります。膝と足の指は真上を向くようにします。

2 両手で支えながら脚を上げる

膝は開かないよう、両手を太ももに添え、ふくらはぎと床が平行になるように脚を上げます。背筋が丸まらないように注意。

3 脚をまっすぐ伸ばす

腹筋を意識し、脚をまっすぐに伸ばします。腰に負担をかけないように注意しながら、1分間キープします。

長坂靖子

美しい女性は歩き方が違います

体の歪みを正して内面も外見も健やかに

ウォーキングは美容と健康に最適。正しい姿勢やウォーキングは、骨格バランスが整い、体の機能が向上するなどの効果をもたらします。

健康効果は全身に現れます。下記は、ほんの一例であり、ほかにもさまざまな効果が報告されています。また、姿は美しくなり、さらに「ウォーキング」という日常動作を意識することにより、性格が前向きになります。

正しい姿勢のポイントは、かかととつま先を揃え、ヒップの筋肉を内側に引き寄せること。腹筋と背筋を使い、背骨のS字ラインを整えます。眉間・鼻・あご・バストの間・おへそ・両脚の真ん中が一直線になるように。

・全身の血流が増す→脳の活性化、ボケ防止、顔色がよくなる。冷え性、肩こり、腰痛改善。
・リンパの流れがよくなるため、老廃物が排出される→むくみ改善、顔が引き締まる。
・ホルモンバランスが整う→女性ホルモンは生理・卵巣機能を向上。セレトニンが増加することでリラックス効果、血糖値低下、コレステロール値低下。
・内臓が正しい位置になり、機能が向上→胃腸の働きがよくなり便秘改善。卵巣が圧迫されないため生理が順調になる。
・リンパ球が増加→免疫力が高まる。

Let´s Try

歪みを正すように意識して
美しく見せるためのウォーキング

内股、外股歩きはO脚を誘発する原因になります。
また骨盤が開き、歪んでしまうので注意しましょう。

1 耳からくるぶしまで一直線に直立

まず正しい姿勢のポジションをキープします。横から見て、耳・肩・肘横・膝横・くるぶしが一直線なるように立ちます。

2 一歩踏み出してかかとから着地

正しい姿勢から足を一歩踏み出し、かかとから着地します。

3 両足の2点立ちでバランスを保つ

踏み出した足はかかとで着地します。後ろ足はつま先で押し出し、かかととつま先の2点で立ちます。

4 後ろ足で体を前に送り出す

後ろ足で体を送り出します。膝を曲げると、骨盤のポジションが崩れ、ヒップが垂れてしまう原因に。

1

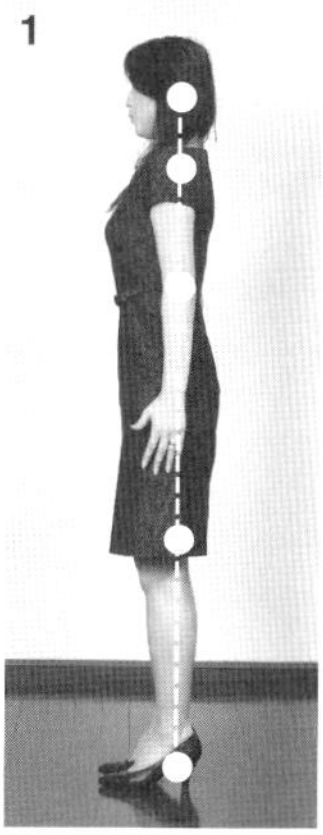

2

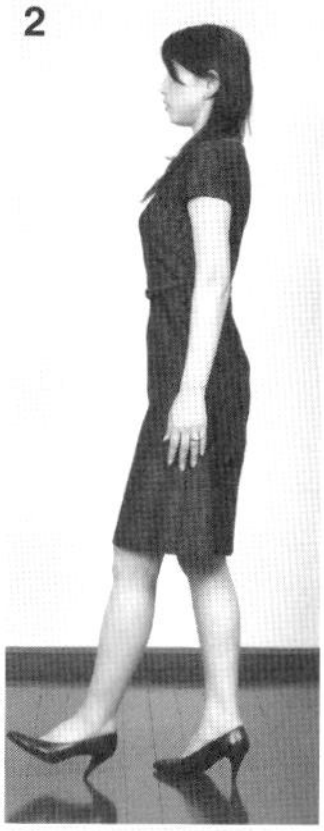

point

かかとから着地することにより、ふくらはぎの筋肉が収縮され、全身に血流が行き渡ります。

3

4

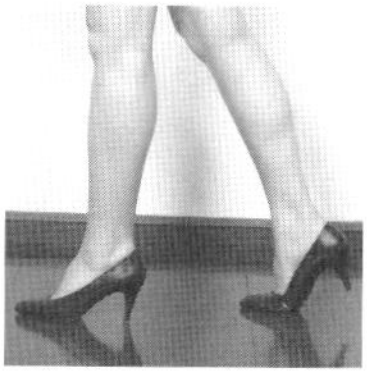

point

体を送り出すとき、後ろ足の膝はしっかりと伸ばし、足全体の筋肉を使います。

技術提供／日本ウォーキングセラピスト協会

宮崎 京

ダンスで均整のとれたしっかりとした体作り

引き締めたい部分を意識しながら体を動かす

ダンスは、ミス・ユニバース日本大会で披露する機会があって、はじめました。そのときに指導していただいた先生に、今も習っています。先生には、余計なことを考えないで自然に体を動かすよう教えられ、私も今はダンスを心から楽しむことをテーマにしています。

ダンスレッスンに通う、もうひとつの目的は、均整のとれた体作りにあります。レッスンでは、多くの時間をストレッチに費やします。体のさまざまなパーツを、時間をかけてしっかり動かし、鍛えていきます。しなやかで美しいダンスをマスターするには、この基礎が欠かせないのです。また、体を動かすことでたっぷり汗をかき、新陳代謝がアップするのもうれしい点です。

最近では、日常のいろいろなシーンで、意識的に筋肉を使うようにしています。スタイル抜群の先生に伝授していただきました。引き締めたい部分を意識しながら動かすことで、簡単にシェイプアップできます。

ワンポーズを何度も繰り返して練習します。音楽を聴きながら、全身を使ってのダンスは爽快です。

Let´s Try

運動不足の人に特におすすめ

外出先での軽い運動

**イメージしながら、体を引き締めます。
呼吸は深くゆっくりとしましょう。**

エスカレーターまたは階段で

足の前半分を段の上に乗せ、アキレス腱を伸縮するようにかかとを上げ下げします。上半身は上へ、下半身は下へ引っ張られるようなイメージで背筋を伸ばし、脚を引き締めます。

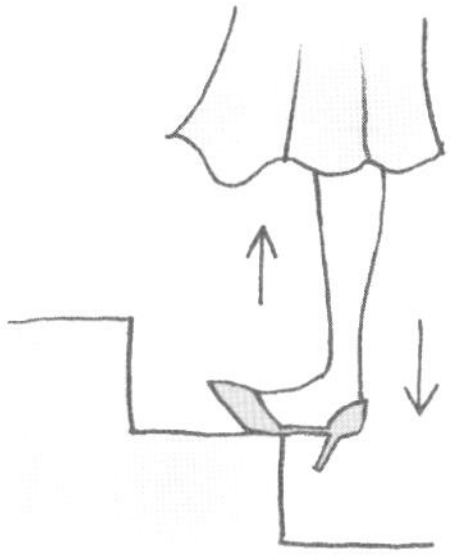

椅子に座っているとき

ヒップの筋肉を内側に引き寄せ、背筋を伸ばして椅子に座ります。腹筋に力を入れて、両脚を揃えて床から足を上げます。上げ下げを繰り返すことで、腹筋が鍛えられます。

腹筋を
鍛える感じで

休憩時には

肩甲骨全体を使って、肩の上げ下げを繰り返した後、12時・9時・6時・3時と時計まわりとは逆回転に、大きくまわします。次に時計まわり動かします。肩こりを解消。

ゆっくりと
大きくまわす
9
3
6

指導していただきました

street jazz dance 講師
Masakoさん

東京・代々木上原にあるダンススクール「E.E.A」で、ストリートジャズを週に2度教える。アメリカでも実力が認められ、Mya全米ツアーなどのステージに多数出演。久保田利伸などミュージシャンの振り付けも担当する。

大工原 忍

マッサージをしながら贅沢なバスタイム

健康的な艶のある髪も バスタイムに作られます

温泉やエステに行きはじめてから、バスタイムの時間は大切だなと実感するようになりました。体を温めたり、疲労回復にいいということはもちろんですが、それ以外にも、自律神経を高める、副交感神経が刺激されることで、血行が促進されるという効果に注目しています。

そこで、私が取り入れているのが、マッサージをプラスした体の洗い方。体を清潔に保つだけでなく、血液の循環を促すように洗うことで、新陳代謝も高められ、ちょっとしたエステ効果が得られるのです。

さらにもうひとつ、健康で美しい髪を保つためにも、バスタイムは重要な時間です。髪はカラーリングや紫外線で意外にダメージを受けているもの。10日間に1回、トリートメントでお手入れをするだけでも、指通りなめらかな髪を実感できます。また、頭皮のマッサージもおすすめです。髪を健康にし、リラックス効果も得られるので、よく眠れるようにもなりました。

髪の毛のスピーディケアには「LOREAL OLÉO-RELAX」。洗い流さないタイプのトリートメント。傷んだ髪を補修し、潤いを長時間キープ。友人にすすめても、みんな大満足です。

Let´s Try

バスタイムも有効に
ボディウォッシュ

体を洗う際にマッサージを取り入れて、血行を促進し、内側から美しい体に！

フロント

手と足の先から心臓に向けて、らせんを描くように洗います。ウエスト部分は引き締めるように、バストは引き上げるようにマッサージしながら洗います。

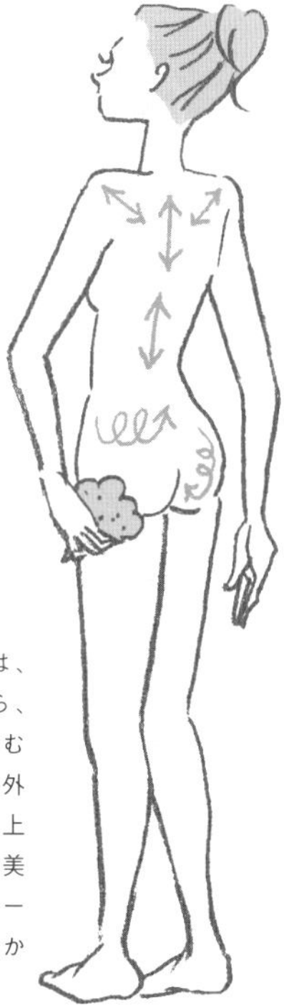

バック

垂れやすいヒップは、らせんを描きながら、まわりから包み込むように洗います。外から内へ、下から上へと引き上げて、美しいラインをイメージしながら手を動かします。

日頃の落とし穴

きちんと泡立てていますか？

泡で洗うように心がけます。泡が少量だと肌を傷つけてしまい、乾燥肌になりやすくなります。

ナイロン製のタオルを愛用

ナイロン製は刺激が強いので、肌荒れの原因に。ナイロンよりも、綿製のタオルが最適です。

おおざっぱなすすぎ

洗髪のときや体を洗った後のすすぎ残しが原因で、背中にニキビができやすくなります。

爪を立てて洗髪

爪を立てて洗うと、頭皮が傷つきます。指の腹を使い、地肌を中心にマッサージするように洗います。

宮崎 京

エステを利用して、体のメンテナンスを行います

スペシャリストの施術で心も体も深くリラックス

体調は自分が一番よくわかっています。自分でケアできる範囲が限られていることも知っているし、ときには人からエネルギーをもらうことも必要だと感じています。体に新しいエネルギーを与えてくれる場所、私にとってそれがエステサロンなのです。

毎回同じビューティーセラピストに体を見てもらうことで、自分では気づかない体の変化を知ることができます。そして不足している栄養を補給しながら、体みずからスムーズに働くように促してもらうのです。

たまに日常にいかせるビューティアドバイスをもらえるのもうれしいところ。1日の疲れはその日のうちに取り除きたいので、自分でうまく癒すコツをセラピストから教わっています。例えばリンパマッサージ。バスタイムを利用して、リンパの流れを促進させます。また朝食前に飲料専用のゲルマニウム水を200ml飲むことで、新陳代謝、発汗作用ともに、以前に比べて高まりました。

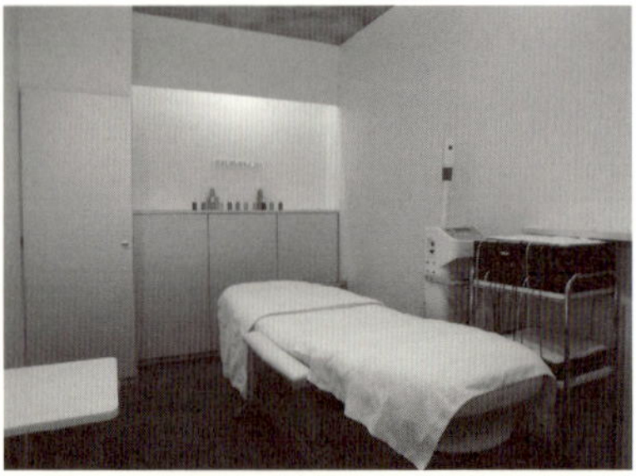

月に2回エステに通って、リンパの流れがよくなるように施術してもらっています。足が疲れているときは、足浴をプラス。発汗作用が高まり、老廃物を排泄できます。

Let´s Try

水の刺激が心地よく体に伝わる

シャワーでリンパマッサージ

シャワーと手を使って、リンパの流れをスムーズに。

お腹

38度くらいのシャワーを体の先端からかけ、最後におへそを中心に時計まわりにかけます。

↓

手の平を重ねて、おへそに当てます。時計まわりに手を動かし、温めます。便秘解消にも効きます。

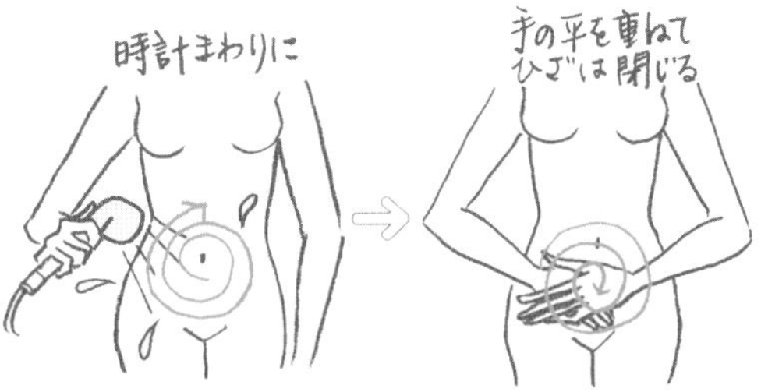

ヒップ

ヒップを引き上げるように下から上へシャワーを当てたら、ヒップ全体に円を描くようにかけます。

↓

手の平全体でヒップを引き上げるように、下から上へとマッサージします。新陳代謝を高めます。

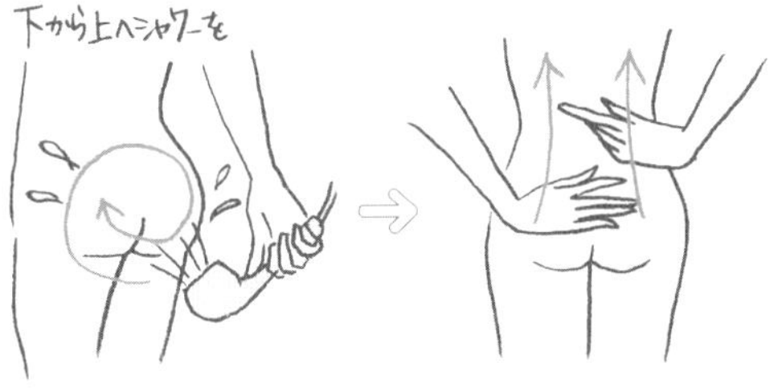

肩

こっている部分に温かいシャワーをかけます。こりをほぐすようにマッサージし、最後はやさしくなでます。首筋もさすって、リンパの流れをよくします。

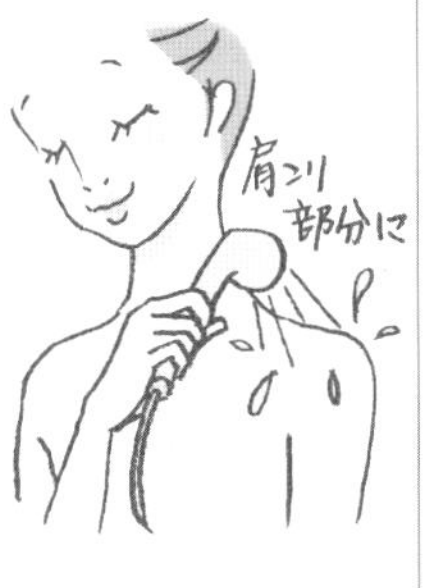

指導していただきました

ビューティーセラピスト
五十嵐加奈さん

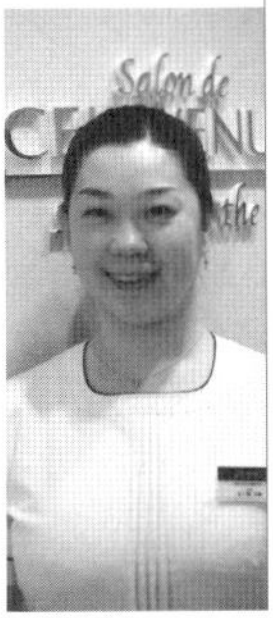

サロン ド セレヴィーナ、セラピスト。最新の美容医療技術をマスターし、フェイシャル、ボディを専門とする。「個人に合わせた美容法をスペシャルテクニックでトータルサポートします！」

彼女たちのキレイのpolicy

II

INTERVIEW

西出薫

佐藤祐美

浜野由佳

中原三枝

鈴木加奈子

鈴木ひとみ

file 07

Kaoru
Nishide

西出 薫 にしで かおる

1978年京都府生まれ。2003ミス・ワールド日本代表。日本ニュートリション協会公認、サプリメントアドバイザーとして活躍中。SHIHOを有するモデル事務所サトルジャパン主宰「美人塾」にて、ダイエット＆スキンケア講師を経て、現在マーケティング会社（株）アゴラ アイ・エム・エスのスパーバイザーとして勤務。2006年5月20日結婚（本名、前田薫）。

食事制限、運動、半身浴……
きれいになろうと、
あらゆる努力をしました

自分磨きの原動力は“絶対にミスになること”

「小さい頃、絵本で見たプリンセスに憧れていました。その延長でしょうか、コンテストでドレスアップするのが夢だったんです」

と、西出薫さん。ミス・ワールドに応募したのは24歳のとき。

「それまではずっと父から“絶対無理だよ”と言われていたんです。でも年齢制限ぎりぎりの年に、今回が最後のチャンスだと思って」

絶対に王冠をかぶる、と薫さんは決意していたそう。

「本当に努力したと思います。自然体でミスに選ばれる方もいらっしゃると思いますが、私は“必ずミスになろう”という心意気で、ウォーキングの練習をしたり、メイクやファッションのセンスを磨いたり、お茶の作法を覚えたり、苦手な英会話に挑戦したり……。コンテストのために、単身で上京したときは、まさに“決死の覚悟！”という気分でした（笑）」

努力を重ね、20キロの減量に成功

「学生時代には、20キロのダイエットをしました。私は身長が173センチあるので、体重があると、縦も横もある大女という感じになっちゃうんです(笑)。ダイエットの動機は、当時、憧れの人がいたので、きれいになりたいと思ったことですね。最初の10キロは自己流で、わりと簡単に落とせたんですよ。いつもの食事を半分にして、できるだけ階段を使うように心がけたり……。でも、後半の10キロは、本当に辛かったです。独力では難しいと思ったので、ダイエット・トレーナーの方に食事管理と運動法を指導してもらい、何とか達成しました」

わかったのは、ダイエットには正攻法しかないということ。

「食事の管理、運動、半身浴、ストレッチ、サプリメントと、あらゆる方法を試しました。ダイエットは、地道な努力の成果です。これだけやれば大丈夫、というのはないですが、サプリメントの意外な効用には気づきました。ダイエット中でもしっかりビタミン、ミネラルを摂ると、空腹感がま

ダイエットは2人3脚
一緒に成功を目指す

20キロのダイエットに成功したことのある薫さん。残り10キロのとき、トレーナーに指導してもらったそう。ずっとサポートしてくれたのはお母さんだとか。

ぎれたんですよ」

今も毎日、全身を鏡で見て、体重計に乗ることは欠かしません。

「自分の状態を常に把握しておくことが大切ですね。特にダイエット中は、毎日、体重をグラフにつけるぐらいの自覚が必要です」

ダイエット停滞期。"そんなときこそ、自分に負けないで"

「ダイエットをやっていると、ぜんぜん体重が落ちない停滞期があるんですね。私も、最初の10キロは3か月ほどでやせて、その後、まったく体重が減らない時期がありました。そのときは、どーんと気分も落ち込んでしまいがち。そんなときこそ、周囲の励ましが大切になると思います」

以前の薫さんは、モデル事務所でダイエットと美容のアドバイスをする、ビューティスタイリストの仕事に携わっていました。今まで4人のモデルのダイエットをサポートし、成功を収めたそう。

「モデルの子たちとは、毎日コミュニケーションをとるようにしていました。いつも"夢は何なの？""どうなりたいの？"と問いかけることが必要なん

History

1979

1歳の頃。とてもいたずらっ子で、よくおしゃべりをしていたそう。

1985

小学校入学式の日。この頃からテレビの影響を受けて、ミスに憧れを持つようになりました。

2006

27歳。5月20日、京王プラザホテルにて結婚式を挙げる。最高に素敵で、すばらしい1日でした。

ですね。ダイエットは、毎日の継続が大切。１日でもコミュニケーションを休むと、誘惑に負けて食べちゃうんです。停滞期こそ、自分に負けないようにしないといけないですね」

「毎日を一生懸命に生きて、年を重ねたいです」

「八千草薫さんのような知的でかわいらしいおばあちゃまになりたいです。実は、八千草さんは父の憧れの女性なので、私も〈薫〉と名づけられたそうなんですが（笑）」

と薫さん。そのために、心がけていることがあるそう。

「年を重ねるほど、肌のお手入れや健康には気をつけたいですけれど、それ以上に必要なのが、内面を充実させることですよね。私は、何事も“継続”が大事だと思っているんです。例えば、仕事を極めるとか、夫を大切にするとか、子どもを育てるとか……。何かに対して一生懸命になって、毎日を大切に生きることで、美しく年を重ねることに繋げたいですね」

2006年５月に結婚したばかりの薫さん。素敵な人生のパートナーとともに、毎日を大切にしながら、幸せな生活を築いていくことでしょう。

わたしの
マスト
アイテム

「くまのプーさん」は弟のような存在。辛いときに支えになった。

「相田みつを」さんの言葉。なかでも、一番のお気に入りがコレ。

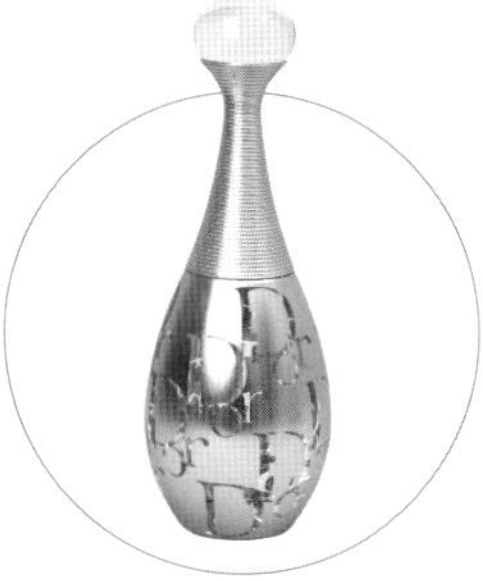

「クリスチャン ディオール」の香水、ジャドール。香りが大好き。

ティーセット。たまのティータイムの雰囲気をおしゃれに楽しむために。

本。「Angel」は大親友からメッセージつきでプレゼントされた。

夫から贈られたティファニーの指輪。クリスマス限定の赤いリボン。

Kaoru Nishide

file 08

Yumi
Satou

佐藤祐美 さとう ゆみ

1981年山梨県生まれ。2003ミス・ユニバース・ジャパン3位。モデル、タレントとして各種メディアで活躍後、転身。現在、広告代理店に勤務。また仲良しの宮崎京さんほか、多方面で活躍する女性8人で「女虎」を結成。ショーやライブイベントを開催、収益の一部を日本UNHCR協会に寄付活動もする。

無理はしない。でも、自分の個性を最大限引き出す努力はしていきたい

自分の弱さを知り、変えたいと願った

「すべてにおいて自信がない、そんな自分を変えたい。その思いがミス・ユニバース・ジャパンとの出会いを生んだような気がします」

2003ミス・ユニバース・ジャパンの3位に選ばれた佐藤祐美さん。当時は“自分らしさを知る”ことが課題だったとか。

「就職を控えた大学3年生のとき、気づいたんです。今までの自分は、ずっと受け身だったと。親の敷いたレールの上を、ただ歩いてきたんですね。だから、いざ自分の進むべき道を決めなければならないとき、どうしたらよいかわからず、途方に暮れてしまったんです」

進路に悩み、模索していたときに出会ったのが“フィニッシング・スクール”。

「女性らしさを学ぶための学校で、一般教養や礼儀作法にはじまり、自分に

合ったメイクやファッションなども教えていただきました。それまでは、おしゃれに関しても周囲に流されるばかりで、自分に似合うものがどんなものかなんて、考えていませんでした。この点について、よく校長先生には叱られましたね」

この校長先生の友人であるフランス人女性と、スクールですれ違ったことが、祐美さんの人生を変えることになります。

「彼女は、ミス・ユニバース・ジャパンのディレクターだったんです。すれ違いざまにスカウトされまして（笑）」

当たって砕けても、前進していきたい

ミス・ユニバース・ジャパンの活動を終え、モデルとして活躍したのち、一般企業に就職された祐美さん。そして今春からは、転職して広告代理店に勤務しています。

「モデルとして、広告代理店の方とお仕事をすることもあったので、その経験をいかせればいいなと思っています。また、ミス・ユニバースへの挑戦

**アフターファイブは
ジムに通ってひと汗かく**

転職して楽しみができたのが、アフターファイブの過ごし方。同期の友人とジムに通うなど、好きなことができて毎日が充実しているそう。

を通して学んだ“当たって砕けても、突き進め！”の精神で、前進していきたい。辛くてボロボロになっても、前に進む気持ちさえあれば、どんな壁でも突破できるような気がするんです」

日々の心がけは大切。でも特別なことはしない

仕事柄、多忙な日々を送る祐美さん。キレイの秘訣は？

「美容のために特にがんばっていることって、ないんです。趣味やストレス発散の一環としてやっていたことが、結果として、美容に結びついているようなところはありますが。例えば、読書。カフェでは平気で５～６時間は熱中してしまうのですが、なるべくバスタイムに読むようにしています。水をたくさん飲んで、お風呂に浸かりながら読書をして、たっぷり汗をかきます」

食事は野菜を中心にした手料理が基本。

「もともと、野菜が大好きなんです。疲れているときは煮物でもサラダでも、なるべくお酢を使うようにしたり、レモンを意識的に摂るようにした

History

2004

モデル時代。ショーの着替えが大変で、モデルたちは裏で、裸に近い姿で走り回っていました。

2005

24歳。素顔の写真が欲しいと仕事先から言われ、慌てて撮った１枚。

2006

モデルからOLへと転身した25歳。環境が変わったせいか、意識も雰囲気も少し変わったような。

り……。きちんと食事をしているので、最近は間食したいと思わなくなりました。お酒は、以前は日本酒を好んでいましたが、焼酎に変えました。そのほうが体によいと聞いたので」

体を動かすことも好きだとか。

「ジムに通うのも好きですし、散歩をするのも好きですが、毎日気をつけているのは、ヒールの高い靴を履くこと。お尻がキュッと持ち上がるし、腰やお腹、太ももの筋肉も使います。歩き方を意識するようになるので、姿勢も自然と美しくなります。慣れないうちはスニーカーを持ち歩くようにしていましたが、これはけっこうおすすめです。どうしても疲れたら履き替えればいいのですから。無理をしないのが、私流です」

私なりのキレイを見つけ、生かしていきたい

「今後も心がけていきたいのは、常に他人の目を意識すること。誰かに見られているという緊張感を保っていれば、いざというときにボロが出た、なんてことがないと思うんです。それと、美しさって、人それぞれ。自分らしさを見つけて、その個性を最大限生かす努力は怠りたくないですね」

わたしの
マスト
アイテム

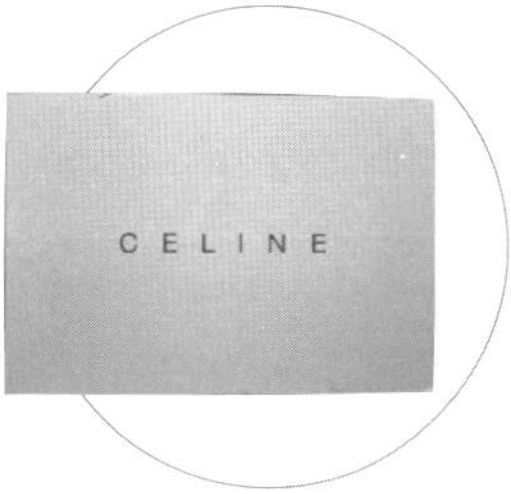

大好きなブランド「セリーヌ」。財布、バッグなど揃えている。

ブックカバー。着物生地が今のマイブーム。着物は4枚持っている。

「アナ スイ」のコスメ小物。デコラティブかつシックな黒が落ち着く。

「ライスフォース」のスキンケアセット。使うようになって肌荒れ知らずに。

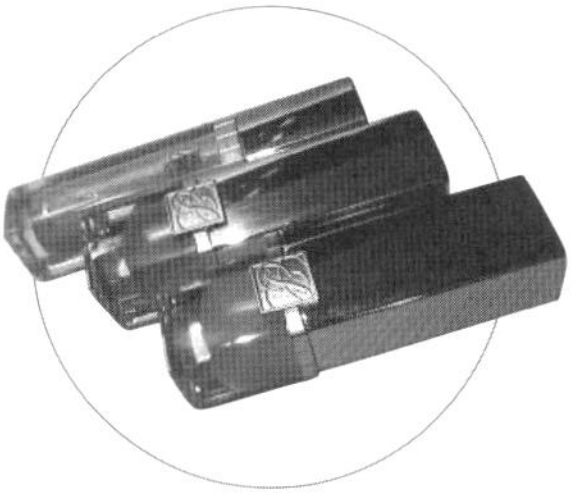

「エスティローダー」のリップ。使いやすく、発色もいいので長く愛用。

「iPod nano」。ピンクのケースに入れて、毎日通勤中に聴いている。

Yumi Satou

file 09

Yuka
Hamano

浜野由佳 はまの ゆか

1979年三重県生まれ。2001ミス・ワールド日本代表。日本代表後、オスカープロモーション所属。モデルとして各雑誌等の表紙を飾る。カメラ好きが高じて、ブログで記事と写真を掲載中。CSフジテレビ・ディノス『ビバ！ プリプリッ」に2006年４月よりレギュラー出演中。

どんなことにも私なりの幸せをたくさん探して毎日、潤いに満ちています

何でも経験してみたい。“肌で感じた”世界大会

「キレイなもの、おいしいもの、楽しいこと、香りのいいものが大好き」

2001年のミス・ワールド日本代表の浜野由佳さんは、とってもポジティブ。友達にすすめられて出場したミス・ワールドですが、次第に、世界に出ていろんな経験をしたいと思うようになったそう。

「世界大会は南アフリカで開催されたんですが、ネルソン・マンデラ大統領にお会いできる機会があったんです。もちろんそれだけでも貴重な体験なんですが、それを現地の子どもに話したら、泣くほど感動してくれたんですね。“今僕たちがこうしていられるのも、彼のおかげなんだよ”って。アパルトヘイトなど、歴史の授業や映画などの知識でしかなかったものが、ここでは現実なんだと実感しました。世界を肌で感じられた瞬間、日本代表としてここにいられることに、感謝の気持ちでいっぱいになりました」

お散歩、ヨガ、乗馬。エクササイズは楽しみながら

「健康のための運動も、“楽しみながら”をモットーにしています。やるからには、楽しんで取り組みたいんです」

と由佳さん。普段から心がけているのは、よく歩くことだそう。

「写真が趣味なので、カメラを持ってお散歩します。好奇心がそそられたものは、すぐシャッターを切って。ちょっと遠出したいときは、サイクリングをします。ヨガもやっているんですよ。深く呼吸できるので、リラックス法としておすすめです」

でも、今一番楽しいのは、趣味ではじめた乗馬。

「馬、大好きなんです。それぞれに個性があって、おもしろいぐらい感情表現がある。乗馬自体ももちろん楽しいんですが、行き帰りの時間も楽しいんです。行きは“今日は誰に乗れるかなあ”とワクワクするし、帰りは“今度はいつ行けるかな”って。そのウキウキした気分が、何よりリフレッシュできる時間ですね」

**馬と触れ合って
趣味を極めます**

乗馬教室の時間が自分を作る大切な時間。「私が喜ぶと、馬もにんまりしているんです」と馬との触れ合いで、自分の心も温かくなっていることを実感できるそう。

心地よい生活を作る、毎日の“小さな幸せ”

「以前は、気分が落ち込むと、映画を観たりおいしいものを食べて気分転換をしてたんです。でも、乗馬をはじめて、プライベートが充実してからは、小さな幸せをいっぱい見つけるのがうまくなりました。うまくいかないことがあっても“これは、私にとって時期が早かったのかな”と思い直したりできるようになりました。馬のとても素直な気持ちが私の意識を変えてくれたんです」

趣味が充実し、普段の気持ちが安定してきたという由佳さん。毎日のリフレッシュには、バスタイムも大切にしています。

「ゆっくりラジオを聞きながら、半身浴します。ボディソープも、常時5種類以上揃えておいて、その日の気分によって使い分けています。いい香りに包まれているだけで、本当に幸せ。今、和のものでいちばん凝っているのが、京都の老舗『俵屋旅館』の石けん。京都に行ったときは、必ずたくさん買い込んでおきます」

History

1999

15歳のとき、コンサートに行った帰りにスカウトされ、名古屋でモデルをはじめました。

2001

ミス・ワールド日本代表に選ばれ、南アフリカで開催された世界大会に出場。国際交流を経験。

2005

現在はオスカープロモーションに所属。モデル、タレントとして、充実した毎日を送る。

“いつでも楽しく”が、キレイのキーワード

「気分って必ず表情に表れますよね。キレイに見えるかどうかは、その瞬間の気分に左右されてしまうと思うんです」

と由佳さん。つくづくそう感じたのは、写真がきっかけだそう。

「撮影してもらった写真を見ると、自分がその日、どんな気分だったか、すぐわかっちゃうんですね。気分がのっているときはいい写真になるし、ダメなときは写真もダメ。よくも悪くも気持ちが表に出てしまうので……。だから私自身は、“常に何でも楽しめる人”でいたいんです」

これから挑戦していきたいことは、いっぱいあるそう。

「冒険心があるというか、興味を持ったら、もっと知りたい、何でもやってみたいと思うほうなんです。料理、ジム、フラワーアレンジメント、旅、ボランティア、動物との触れ合い。那須とか北海道とか高原で乗馬したいですね。結婚は……こればかりは、縁だからわからないですね（笑）。常に今を楽しみながら、いろんなことに挑戦したいです」

いつも前向きでフレッシュな由佳さん。その秘密は、いつまでも尽きせぬ好奇心にあるようです。

わたしの
マスト
アイテム

「SHEER COVER」のコスメ。母から教えてもらって、絶賛のシリーズ。

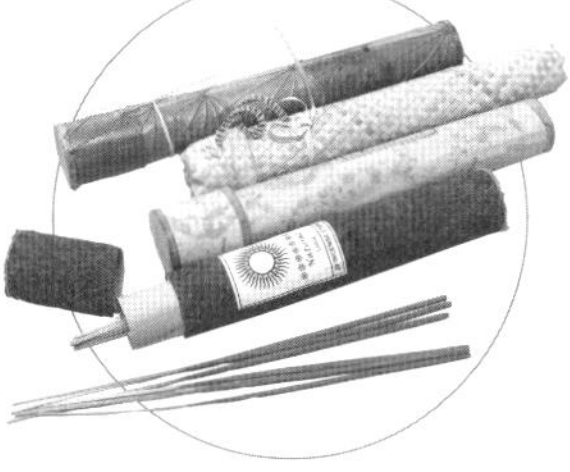

スティックタイプのお香。オリエンタルな香りが心地いい。

美輪明宏さんの本。エネルギーの源、明日の生き方が変わる。

「Beauly」イオン導入セット。顔のディープクレンジングですっきり。

カメラ。感動したものをシャッターでとらえる。作品作りに没頭中。

Yuka Hamano

file 10

Mie
Nakahara

中原三枝 なかはら みえ

1960年福岡県生まれ。1984ミス・ワールド日本代表。ミス任期終了後、結婚。長女（18歳）、次女（14歳）を育てながら、コミュニケーション・イメージアップアドバイザーとして「STYLISH SCHOOL」を主宰。講演、企業研修の講師、雑誌執筆等を中心に活動。
http://www.stylishschool.com/

穏やかな女性を目指し、やわらかいハートを持って、明日に繋げたい

今しかできないことをやってみようと、23歳で試みたミスワールド

「23歳のとき、街でミス・ワールド募集のポスターを見かけたんです。募集要項の“23歳までの方。締め切り７月”という文字が目に止まりました。９月で24歳になるので、今を逃すと出場することさえできなくなる。“今しかやれないことに挑戦してみよう”という気持ちが沸いてきたんです」

　と駆け抜けた23歳の頃を振り返る三枝さん。王冠を授与されたときには、夢のような現実に涙したそうです。また任期を終えた１年後には地元福岡に戻り、結婚、出産。

「普通に結婚して、子どもが欲しかったんです。両親のようになりたくて。今、思えば好きなときに好きなことができるって、とても素敵なことですよね。子育てをしながら、子どもからも教わることは多く、自分が育ちました。子育ては最高のクリエイティブ！」

「毎日欠かさずやること……たくさんあります」

「全身のケアやマッサージなどの美容に関することはもちろん、寝る前には1日を振り返って反省もします。また、翌日の予定を整理して、効率的に動くためのイメージトレーニングをするのも、明日へ繋げるための欠かせない日課になっています。タイムスケジュールには、美容にかける時間もきちんと組み込みます。ま、いいか……とあきらめたくないんです。おしゃれをしながら、年を重ねていきたい。"年だから"って、つい言っちゃうこともあるけど（笑）」

すべては毎日の積み重ね、と自分に言い聞かせている三枝さん。意識して行っていることが、すっかり習慣になっているそうです。

「ジムに通うことは時間的に不可能なので、日常生活のなかで運動を補っています。なるべく歩くようにして、階段も使います。立ったり、座ったり、お辞儀をするなどの動作も無意識に行わずに、できるだけ筋肉を使うようにしています。何気ない動作も、筋肉を刺激するように意識して行え

**昼食は外食なので
栄養バランスで選ぶ**

昼食は外出先でとることが多いので、カロリーよりも栄養バランスで選ぶそう。食べる前、食べるときも自分の体をイメージして食べるのだとか。

ば、体形キープに役立ちます。毎日体重計に乗って、増えたら減らす、の繰り返しです」

ミス・ワールドとつき合って20年

「ミスの活動を通して、徐々に日本代表の自覚が芽生え、見られている意識も身につきました。任期終了後、すぐに結婚して母になったのですが、元日本代表という肩書きが重過ぎて葛藤したときもありました。責任感が強かったんです。でも悩みを再認識していくなかで、ミスの経験をいかして何かやれることはないか、と考えるようになりました。前向きに、そして自分を好きでいたかったから」

　という三枝さんは今、コミュニケーション・アドバイザーとして活躍中。

「例えば自己表現の仕方のサポートをしています。個人の魅力を最大限に引き出すためのお手伝いです。みなさんそれぞれ個性と経験があって、逆に学ばされることも多いので、とてもやりがいがあります。ミスの肩書きと一生つき合っていくので、プレッシャーもありますが、“え～ウソ～”

History

1967

両親と弟。今の私があるのは両親の“しつけ”のおかげです。とても厳しく育てられました。

1984

ロンドンにて世界大会。73か国のミスたちと接して、はじめてナショナリズムを実感しました。

2005

スタイリッシュスクール設立。コミュニケーションアドバイザーとして出会いが広がりました。

と言われないように（笑）、かなり！　がんばっています。今後も活動の幅を広げていきたいですね」

いろいろな場面で“お母さん”になりたい

「おかげさまで、いろいろな方が頼ってきてくれます。うれしいことですね。“お母さん”って女性として理想像だと思うんです。私の母も安心と夢と希望を与えてくれました。だからどんな人にも“いってらっしゃい”“おかえりなさい”と言ってあげたい」

　強い意志を持つために、毎日工夫する三枝さん。

「悩みはつきないもの。原因は自分にあると反省し、“私らしさ”と向き合います。23歳のときもそうだったように、今やれること、子どもたちに夢を持たせることに懸命です。そして子どもたちには、次の世代の子どもたちへ、夢を伝えられるような大人になってほしい。そのために私も一緒に努力します」

　誰に対しても心穏やかな三枝さん。夢を持ち、正直に生きていくことの“美しさ”を教えてくれました。

わたしの
マスト
アイテム

アクセサリーは買ったものに少し手を加えて、オリジナルデザインに。

アクセサリーで遊べないシーンのときに、時計でインパクトをつける。

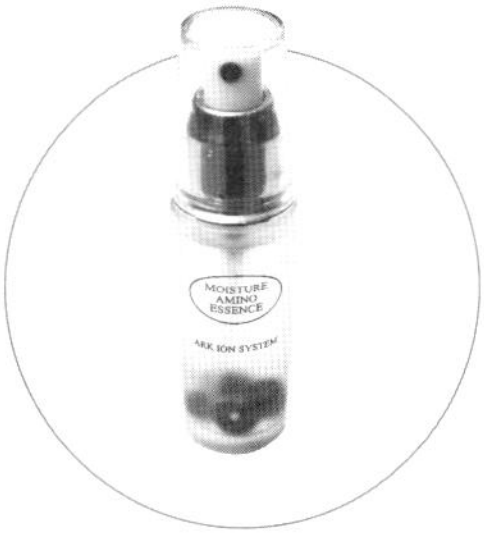

ウォータースプレー。のどや肌が乾燥しないように、室内にも吹きつける。

デンタルリンス。打ち合わせなど面会が多いので、エチケットとして。

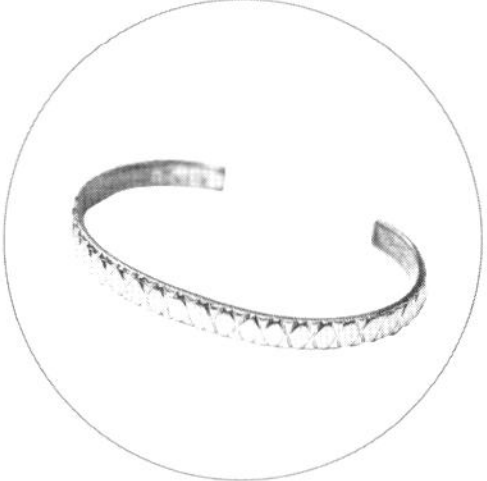

ゲルマニウムブレスレット「di-Lusso」。気の流れをよくするために。

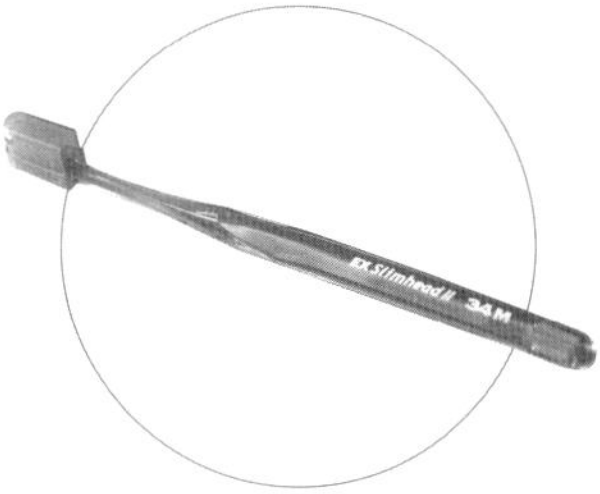

歯ブラシ。口元のおしゃれのため、清潔な歯を保つことに気をつけている。

Mie Nakahara

file 11

Kanako
Suzuki

鈴木加奈子 すずき かなこ

1961年愛知県生まれ。1981ミス・ワールド日本代表。任期終了後、モデル、ラジオのアシスタントとして活躍。28歳で結婚、30歳で長男を出産。作詞家としても活動し、吉田栄作、鈴木結女の曲を手がける。代表作にNHK「おかあさんといっしょ」で発表した『たまごまごまご』『たこのくるんぱ』などがある。現在はポエトリー・リーディングを勉強中。

いくつになっても、
好奇心を失わず
新しいことに挑戦したい

社会人として多くを学んだ、日本代表時代

「ミス・ワールドには、母が応募して出場しました。母は、ミス・コンテストが大好きだったんですね。私自身はかなり男っぽい性格で、ガキ大将タイプの子どもだったんですけど（笑）」

と、語る鈴木加奈子さんは、1981年度のミス・ワールド日本代表。選ばれたときは、心底びっくりしたそう。

「会場ではもう、本当に圧倒されていたので……。私は当時、出場者のなかで最年少の18歳で、周囲は素敵な大人の女性ばかり。私ひとりが子どもで、場違いじゃないかな、とさえ思っていました。でも代表に選んでいただいて、とても楽しかったですね。言葉づかいや立ち居振る舞いなど、いろんなことをていねいに教えていただいたうえ、いろんな場に出させていただいて。私はまったくの世間知らずだったので、日本代表として責務を

果たすなか、社会人としての常識を学ばせてもらったという感じです」

「子どもを持って、世界がぐんと広がりました」

「中学生のときから、詞を書くことが好きだったんです。社会人になってからは作詞の仕事をしていたんですが、子育てをきっかけに、子どもの歌を作りたいなあ、と思うようになりました」

という加奈子さん。今は、NHK教育テレビの子ども番組『おかあさんといっしょ』で放送される歌を書いています。

「私、自分が大きく変わったな、と思うのは、子どもが生まれたときなんですね。それまでは自分のことで一生懸命だったんですが、小さな子どもを抱えると、何よりまず母の責任を感じて。"ああ、これはもう逃げられない！"って思ったんですね（笑）」

そこで気づいたのが、子どもの歌のすばらしさだそう。

「子どもは『おかあさんといっしょ』の歌が大好きだったんです。一緒に聞いていると、2分ぐらいの短い歌詞に、子どもの想像力を掻き立てるよう

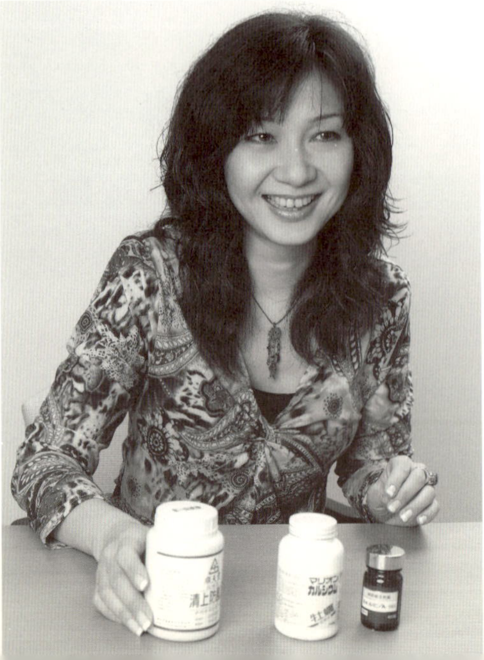

サプリメントで
栄養を上手に補給

子どものためがきっかけだったが、今では一緒にサプリメントを摂っているとか。普段の食生活で足りないものを補う程度でも、体の調子がいいんだとか。

な、夢を与えるものがつまっている。私もこんな詞を書いて、子どもたちに感動を与えたい、と思ったんです」

大好きな海で、パワーを充電&リフレッシュ

「海、大好きなんです。旅行に行っても、ショッピングする時間があったら、その分海に浸っていたい、と思うぐらい」

新婚旅行もカリブ海へ行き、息子さんの名前も“香里武（かりぶ）”というぐらい夫婦揃って、海が大好き。ご主人との共通の趣味は、ダイビングやシュノーケリング。そんな両親を見て育ったお子さんは無類の魚好きとなって、将来は海洋学者を目指しているそう。

「お休みができると、家族みんなで海に行きます。海で遊ぶのはもちろん、海の生き物が好きなので、魚の採集をしたりします。おもしろい魚を捕まえて、家で飼うのが家族の趣味なんですよ。ハリセンボンとか、カワハギ類とか……。今、家には水槽が4つあるんですが、これでも減らしたぐらいなんです。気分転換には、海が一番ですね。でも最近は、日焼けだけは

History

1961

生後98日。髪が多くフサフサで、すでに結うこともできた。歌が大好きで、よく歌っていた。

1964

ショートヘアが好きだった3歳の頃。よく男の子に間違えられていた。おてんばでした。

1981

18歳でミス・ワールド日本代表に選ばれる。「授与されたときは最高にうれしい瞬間でした」

注意しています。昔は、けっこう無頓着だったんですが、さすがにもう怖くて。UVカットのクリームで、こまめにケアしています」

これからも大切にしたい、新しい出会い

近年は、ポエトリーリーディング（詩の朗読）に活躍の場を広げた加奈子さん。やりたいことは、まだまだいっぱいあるそう。
「朗読にも力を入れていきたいんですが、作詞でも新分野に挑戦したいと思っています。5行で書くショートポエムとか、演歌の作詞とか……。私、世界がどんどん狭くなってしまうのは嫌なんですね。年を重ねると、今までの蓄積で、心地よい生活が送れてしまうでしょう。家族や友人など、安定した関係に留まってしまいがちですが、私自身は、新しい出会いを大切にしたいと思っています。いつも貪欲というか、好奇心旺盛でいたいんです」

年齢はあまり意識せず、自分らしくありたいという加奈子さん。
「“いい加減”じゃなくて“好い加減”で（笑）、楽しく過ごしたいですね。これからも、子どもと一緒に成長していきたいと思います。夢や目標を、いつも持ち続けながら」

わたしの
マスト
アイテム

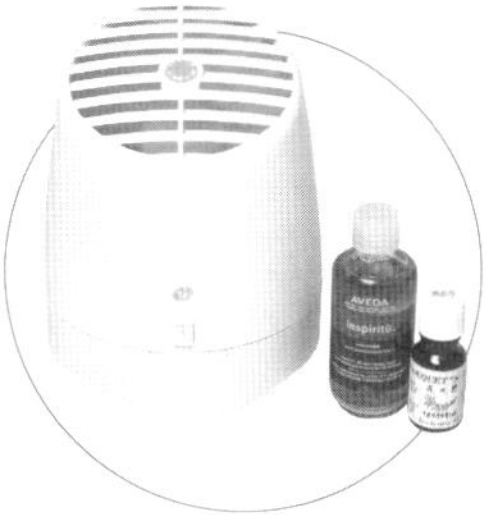

アロマセット。ラベンダーがお気に入り。現在ベビーパウダーの香りを探し中。

「オルリル」の名前つきベア。友人からクリスマスにプレゼントされた。

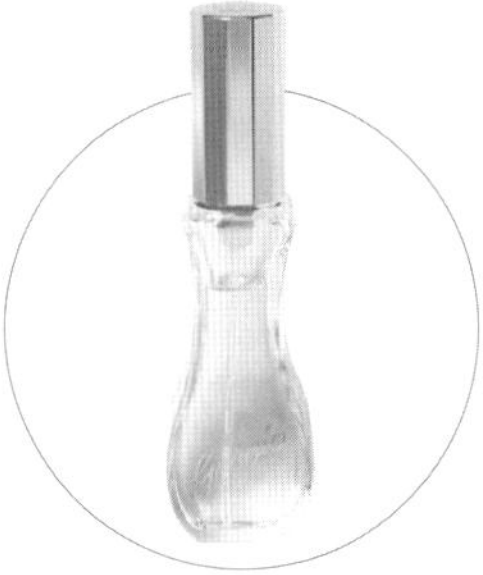

お気に入りのオードトワレ「ジョージオ」。憧れの女性から贈られたもの。

息子の写真と水晶。大好きな海にいる何気ない表情に癒され、宝物。

「おかあさんといっしょ」での数々の作品。思い出に残る作詞ができた。

ハムスター。自宅でたくさん動物を飼っていて、なかでもかわいい一匹。

Kanako Suzuki

file 12

Hitomi
Suzuki

鈴木ひとみ すずき ひとみ

1962年大阪府生まれ。1981準ミス・インターナショナル日本代表。受賞後モデルデビュー。22歳のとき仕事の帰路、交通事故で頚椎を骨折。2年後、結婚。スラロームに出会い国体、世界大会と金メダルを獲得。2004アテネパラリンピックに射撃で出場。現在、講演活動のほか、企業のバリアフリーのアドバイザーとして活躍中。

車いすを第二の足に。原動力は「必ず幸せになろう」という決意です

突然の事故、そして“新生活”に向けてのリハビリ

「大阪の銀行に勤めていた19歳の頃、準ミス・インターナショナルの日本代表になりました。1年間、勤務を続けながらミスの仕事をするうちに、モデルになりたいと思うようになったんです」

21歳で上京し、念願のモデルとして活動をはじめた鈴木ひとみさん。ある事故に見舞われたのは、そのわずか1年後でした。

「山梨で撮影を終えて、帰り道のことです。雨の高速道路で、車がスリップしたのです。この事故で私は頸髄を損傷し、以来、下半身が動かなくなってしまいました。22歳のときのことです」

今は、第二の足となった車いすを自在に操り、毎日を積極的に過ごすひとみさん。辛い過去も、もちろんありました。

「事故直後は絶望感にのまれ、近く結納を控えていた婚約者とも、別れよう

と思いました。そんな私を支えてくれたのは、今の夫である婚約者の彼と、周囲の方々です。彼と結婚し、新しい生活をはじめよう。それを目標に、リハビリに励みました。結婚式の日、私は本当に幸せでした。そして、これからも絶対に幸せになろう、前を向いて歩こうと、決意しました」

射撃で自分と向き合い、瞑想でリラックス

リハビリ中に出会ったのが、車いす陸上。がむしゃらに練習を重ねたひとみさんは世界大会で、見事に金メダルを獲得。その後、2004年には射撃でアテネパラリンピックにも出場。現在、ひとみさんは、ピストルやライフルに打ち込んでいます。

「射撃はいつまでも続けられるので、熱中しています。射撃って、とてもメンタルなスポーツなんですよ。的に向き合うことは、自分に向き合うこと。敵も味方も、自分のなかにいるんですね」

イメージトレーニングのため、毎日20分、瞑想をするのが日課です。

「自己流なんですが、毎日コツコツ続けています。射撃に役立つだけでな

チョコレートで健康的な体に

いつもいきいきとした表情のひとみさん。「チョコレートが好きだけど止められなかったので、カカオの高いものに」と無理なくダイエットに成功。

く、仕事や人間関係のストレスも、緩和する気がしますね。毎日の積み重ねで、気持ちが穏やかになるのを感じます」

悩みにぶつかったときは、本をよく読むそう。

「“生き方のヒント”みたいな本も読みますが、他力本願な気分で読むせいか、あまり悩みの解決にはならなくて。かえって、まったく関係ない本を読んでいるときに、ポンと解決法に出会うことがあります。嵐山光三郎さんのエッセイをよく読むのですが、そんなときにふと迷いが晴れたりして」

夫婦揃っての趣味は、音楽とワイン

美容のためにも、ストレスを溜めないよう心がけているひとみさん。休日は、ご夫婦でくつろぐことが多いそうです。

「オペラやクラシックを聴くのが好きで、コンサートにもよく出かけます。夫が熱狂的なワーグナー・ファンなので、ワーグナーを聴くことが多いですね。あとは、夫婦揃ってワインとシャンパンが大好き。休日は夫婦でゆっくり過ごして、気持ちをほぐしています」

History

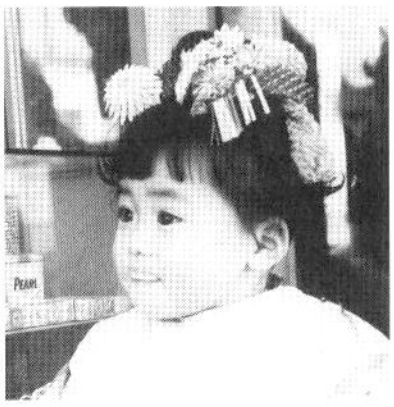

1965

実家は洋服のオーダーメイド店とたばこ店を経営。看板娘は、小学生の頃から店番もしていた。

1980

高校生の頃はどちらかというと、人前に出るのが苦手なタイプ。料理部の部長をしていた。

1982

19歳で準ミス・インターナショナルの代表に。大阪で銀行に勤めながら、ミスの仕事と両立。

“たくましく、しなやかな女性”が目標

「これから先は、シワを数えて一喜一憂はしたくない、と思っています。年を重ねるのは、人間誰しも同じですから。ただ、それをカバーできるぐらい、いつもいきいきした表情でいたいですね。年を重ねると、その人の生き方が如実に顔に出るでしょう。人生辛いと思っている人は、辛そうな顔をしています。一緒にいるとホッとできるような、穏やかな顔の人。そんな人に私はなりたいです」

目標はたくましく、しなやかで、打たれ強い、女性になることだというひとみさん。仕事面でも夢があります。

「これまでも、介助者や障害者の衣類の開発、施設のバリアフリー化といった仕事を手伝ってきたのですが、もっとこの仕事に力を入れていきたいと思っています。車いすの経験をいかして、誰もが住みよい社会作りに貢献したいのです」

前向きに生きよう、と結婚式の日、心に強く誓った決意は、変わることなく、ひとみさんのなかで光り続けています。

わたしの
マスト
アイテム

陸上・射撃で獲得した世界大会のメダル。1大会で3つも獲得したことも。

主人からもらったラブレター。この手紙のおかげで結婚を決意。

シャンパン「KRUG」。主人との共通の趣味のひとつ。夕食の楽しみ。

鉄アレイ。12キロでトレーニングをしたおかげで、芯から強い体に。

「イナータス」のスキンケアセット。今一番、相性がよく、肌の調子も◎。

エアピストル。優勝を狙うために、猛特訓中。軽量なのも魅力。

Hitomi Suzuki

彼女たちのBEAUTYレシピ

II

西出 薫

年齢を感じさせない明るい顔の作り方

くすみやたるみ、シワのない顔は日々のマッサージが効果的

目尻や眉間、口元など、表情によって一時的に表れるシワは、加齢にともない、表情ジワとして刻まれます。また、たるみやくすみも放っておくと、どんどん悪化してしまいます。対策としては、やはりマッサージがおすすめ。寝る前に行うのが効果的ですが、朝のメイク前でもOKです。くすんでいるなと感じたら、マッサージをして顔の明るさを取り戻しましょう。

マッサージには、専用のマッサージジェルやクリームを使ってもよいですが、美容液でも十分です。指の滑りをなめらかにするために、たっぷりと肌に水分を与えて行いましょう。

また、マッサージの圧力が強すぎると、肌のトラブルの原因になります。適度な力加減の中指を基本に、目のまわりなど皮膚膜が薄い部分は、力加減の弱い薬指で行います。気持ちいいなと感じる程度の圧力で、マッサージするようにしましょう。

マッサージで顔の血流がよくなり、クマも軽減します。また、くすみのない肌でメイクの仕上がりもよくなります。目元、口元、おでこのシワを予防しましょう。

Let's Try

ツボを押さえ、気持ちいい刺激を
顔マッサージ

顔には疲れをほぐすポイントがあります。
「きれいにな〜れ」とゆっくり指を動かしましょう。

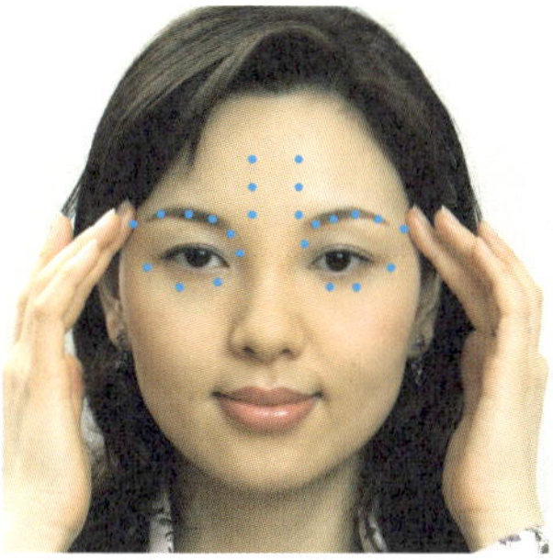

1 おでこから こめかみ

おでこから眉頭、眉尻へと順に、トントンと叩いて圧をかけます。次に目頭から目の下を通り、こめかみでゆっくりと圧をかけます。

2 頬骨のラインと 法令線に沿って

小鼻の横から耳下へと、頬骨に沿って、押し上げるように圧をかけていきます。次に、法令線に沿って、口角下へと圧をかけていきます。

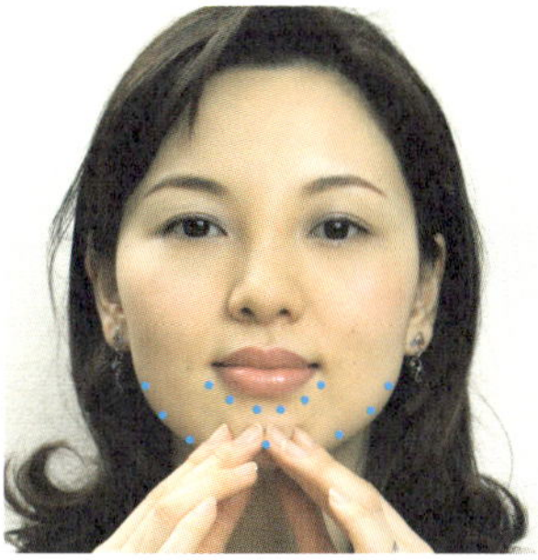

3 口角から下唇に沿って あごから耳下へ

両方の口角から中央へ向かい、下唇のラインに沿って圧力を。次にあごへと下がっていき、あごから輪郭に沿って、耳下へと指を動かします。

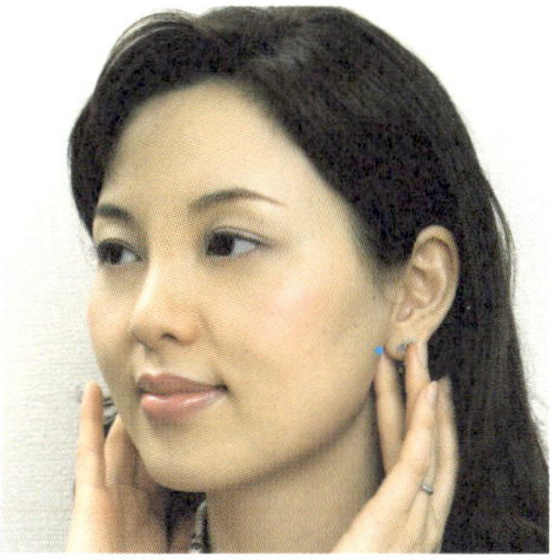

4 耳の下あたりから 髪の生え際に沿って

耳下でゆっくり圧をかけ、耳後ろの髪の生え際へと移動。さらに髪の生え際のラインに沿って、中央へ向かい圧をかけ、指を動かします。

中原三枝

その日の状態で化粧品を使い分けます

肌チェックして最適なスキンケアを

スキンケアは、いつも同じ化粧品、同じ手入れを繰り返しているだけでは不十分。肌のよいとき、悪いときに合わせて、化粧品やスキンケアのプロセス、メイク方法を変えるようにしています。

その日の肌の状態は、洗顔後、肌に触れてみた感触で判断します。肌に元気がないと感じたら化粧水後、ローションパックをします。次に、いつもより少し時間をかけて、美容液をたっぷり浸透させます。縦ジワが気になりはじめた唇は、ヒアルロン酸配合のリップクリームでケア。毎朝ポイントを押さえて、しっかりケアすることで、スムーズにメイクできます。

またメイクはアイシャドーなど、顔色を見て色を選び、グラデーションのつけ方でバランスをとっています。

メイクやスキンケアも大事ですが、疲れが顔に出ないようにマッサージにも出かけます。顔、首、肩の血流や血行、リンパの流れをよくして、くすみを予防しています。

乾燥はシワの原因にもなるので、水スプレーで肌に補給しています。部屋の湿度も気にかけて、周囲にも吹きつけます。のどの乾燥予防にも効き目があります。

Let´s Try

メイクの仕上がりが光る

化粧品とのつき合い方

毎朝、洗顔後に肌の状態を確かめて
適切なスキンケアをしましょう。

洗顔	基本	ぬるま湯→水
	くすみが気になる	洗顔ソープ
スキンケア	基本	化粧水→美容液→アイクリーム
	くすみが気になる	化粧水→乳液→美容液→アイクリーム
	潤いがほしい	化粧水→パックまたはオイル→美容液
メイク	基本	化粧下地→パウダーファンデーション
	くすみが気になる	化粧下地→ベースカラー、コンシーラー ↓ リキッドファンデーション→お粉→ハイライト

肌年齢に合ったメイク直し

夕方になると肌が疲れてきます。あまり負担をかけないように、ファンデーションは薄めに。特に夜はナチュラルメイクを心がけましょう。

クレンジング

メイクに時間のかかる目元を残して、顔をクレンジングします。皮脂汚れを落とし、肌をきれいな状態に戻します。

化粧水をパッティング

コットンに化粧水を含ませて、肌へ浸透するように、ゆっくりとパッティング。そのあと乳液で水分を閉じ込めます。

ベースメイク

下地の後、リキッドファンデーションを薄く塗り、お粉で仕上げます。慌てずにきちんとメイクをします。

浜野由佳

メイクは自分の顔の特徴をいかします

ベースメイクとポイントメイク 自分の顔の特徴を生かします

化粧品を選ぶときは、広告も口コミ情報もとにかくチェックします。サンプル商品があれば、自分に合うかを試してみて、本当に合うものをチョイス。肌にトラブルが出てしまったときは、早めに皮膚科の先生に相談するのも、キレイ肌のポイントです。

今、使っているファンデーションは母から紹介された「SHEER COVER」です。気になる部分はコンシーラーで軽くカバーしてから、薄くファンデーションをのせるだけ。パウダーのカラーバリエーションは豊富なので、理想的な肌色に自分で調合できて、とても便利です。どんな肌状態にも適応するので、オールシーズン使っています。艶のあるナチュラル肌はもちろん、重ねればカバー力もあって、健康的な肌に仕上がります。

化粧品や道具を使いこなせているかも重要です。例えばビューラーは、まつげの根元から毛先に向かって、細かく施すとクルンと仕上がります。

ぷるんとしたリップの秘密は、「CLARINS」。常に口元は気にかけて、保湿ケアをします。仕上げはグロスで光らせます。

Let´s Try

マスターしたいメイクテクニック
ポイントメイク＆ベースメイク

化粧品やメイク道具の使い方次第で、
メイクの仕上がりが変わります。

アイメイク
際立つマスカラテク

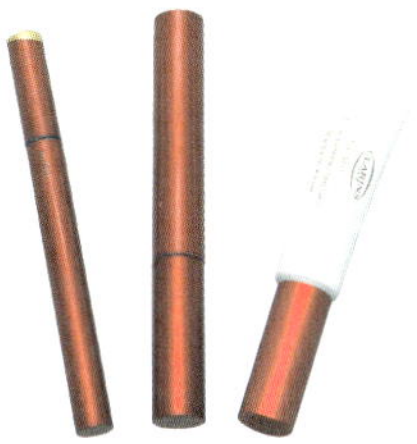

マスカラは「inoui」、「CLARINS」の2本使い。トップコートをベースに使うことがポイント。

上まつげ

ベースが乾いたら、マスカラをまつげの根元から毛先へ向かって、全体につけます。

下まつげ

マスカラを縦にして、まつげになでるように動かします。細部にもつけて、パッチリした目に。

ベースメイク
肌が輝くパウダー

母にすすめられたSHEER COVER

調合次第で理想的な肌色を作ることが可能。くすみのない、明るい肌色に仕上がります。

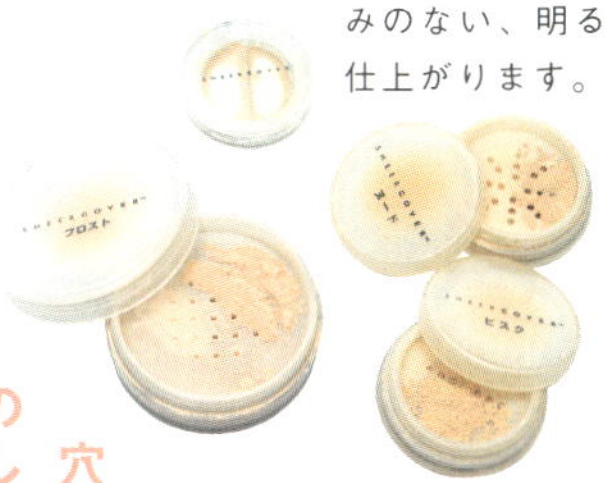

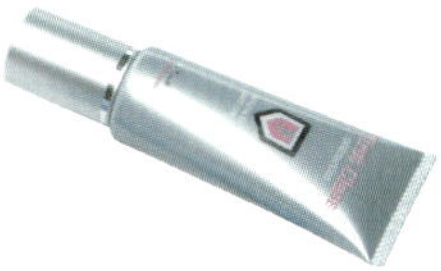

魔法の“角質”ポロポロ

古くなった角質をきちんと落とすことで、メイクの仕上がりや化粧持ちに差がつきます。

日頃の落とし穴

スポンジ、ブラシは買ってから洗ってない

汚れた道具を使っていると、肌荒れの原因になります。清潔な道具で肌をきれいに保ちましょう。

意味もなく顔を触っている

手には見えない細菌や雑菌がいっぱい。吹き出物の原因になるので、触るときは手洗い後に。

ファンデーションをゴシゴシ塗っている

スポンジの摩擦によって、肌が傷ついてしまいます。やさしく叩き込むようにつけていきます。

目のまわりには特にファンデを厚塗り

皮膚が薄く、筋肉がよく動く目のまわりには、ファンデーションの厚塗りはNG。化粧ヨレの原因に。

佐藤祐美

解毒効果のある足浴で足のむくみを解消

体の中からポカポカになって発汗！老廃物を排出してくれます

普段からヒールの高い靴を履き、腰やお腹、太ももなどの筋肉を意識して使うようにしています。でも、スニーカーに比べて安定性が低いため、足に負担がかかり、むくんでしまうのが悩み。ジムのトレーナーに相談したところ、足浴がむくみに効くということで、試してみました。

ジムでの足浴は、解毒作用の効果もある専用の機械を使います。水に微弱の電流を流して体の細胞を刺激し、活性化することによって、解毒作用が促進されるというもの。足浴後、お湯の色にびっくりさせられます。人によって微妙な違いはありますが、誰でも必ず水の色が変化します。これが、体に溜まっていた毒素が排出された結果なのだそうです。もちろん足元を温めることで、体の芯からポカポカし、全身の血液の循環もよくなります。むくみや冷えが解消されるだけでなく、不眠や頭痛などが治るともいわれています。

心臓に負担がかからず、手軽に疲労やストレスを解消できる足浴は、おすすめです！

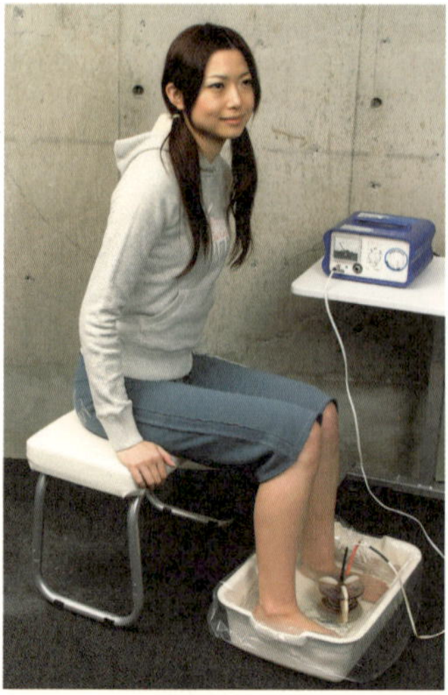

「Aqua Chi」は不足している排斥作用を高めてくれます。お湯の温度は38度ぐらいが適温です。短時間で体が温まり、汗をかけるので解毒作用が高まります。

Let´s Try

市販の足浴剤でもOK
アロマオイルで足浴

香りは全身の疲れをほぐす効果があります。
目的別の香り効果でさらに代謝をアップ！

38度くらいの温水＋アロマオイル

洗面器などを用意し、38度くらいのお湯を張ります。目的に合った香りを数滴垂らし、足浴の効果をアップさせましょう。

リラックス効果

落ち込んだときに、気分を前向きに明るくしてくれる香りは、オレンジやグレープフルーツなどの柑橘系です。食欲もわいてきます。

発汗効果

お湯の温かさを体に伝えるには、ローズマリーが適しています。体が温まり、短時間でもたっぷりの汗をかけます。ブラックペッパーも◎。

リフレッシュ効果

リフレッシュにはミント系の香りが最適です。爽快感のある香りが脳に伝わり、すがすがしく新鮮な気持ちにさせてくれます。

ジムではパーソナルトレーニングも流行しています

体質や生活スタイルに合わせて、健康管理の指導をしてもらえます。もちろん、悩みや目的に合わせたエクササイズも提案してくれます。ひとりでは続かない、機械の使い方がわからず不安、という人におすすめ。

指導していただきました

パーソナルトレーナー 福地孝さん

30×30自由が丘、NASM公認トレーナー。「全身エクササイズはもちろん、悩みに合わせた、脂肪燃焼プログラムなど一対一で指導します」

中原三枝

デンタルケアは手を抜かず入念に

素敵な笑顔を作るのに白い健康的な歯は必要です

清潔感のある笑顔に必要なのが、健康的な口元です。歯と歯肉の健康を維持するために、デンタルケアに常に気をつかっています。

虫歯はもちろん、歯槽膿漏の怖さを知ってから、歯磨きの方法を見直し、リンスを積極的に加えるようになりました。まったくケアしていない場合、加齢とともに歯の老化は急速に進みます。

朝は目が覚めるまで、夜はストレッチをしながら歯磨きをします。毎食後、そして寝る前の歯磨き後にリンスを加えて、歯と歯肉の間を重点的にケアしています。時間がないときでも、リンスで歯を清潔に保つようにしています。歯磨きセット、デンタルリンス、ミントタブレス、デンタルフロスはいつもバッグのなかに入れています。

また定期的に歯科医に診てもらい、歯の健康状態を把握するようにしています。歯の噛み合わせが悪いと、肩こりや頭痛を引き起こしたり、顔の歪みにも影響します。

定期的に歯科医院に通い、歯の状態を診てもらうようにしています。歯の症状に合わせて、ケアの方法も積極的に聞いています。素敵な笑顔を作るため、白い歯のキープは絶対です。

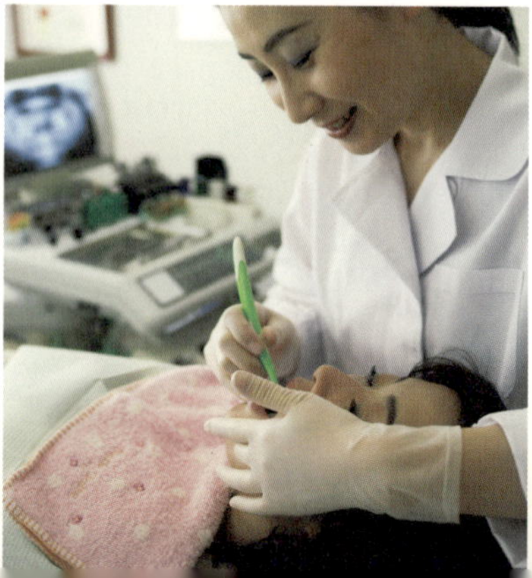

Let´s Try

歯周病を予防

歯磨きの基本

歯磨きの方法をもう一度おさらい。正しい磨き方を確認しましょう。

効果的な歯磨き

歯に対して45度の角度で、歯と歯肉の境目に歯ブラシの毛先を入れ、小刻みに動かして汚れを取ります。次に、歯の表面や噛む面を磨きます。

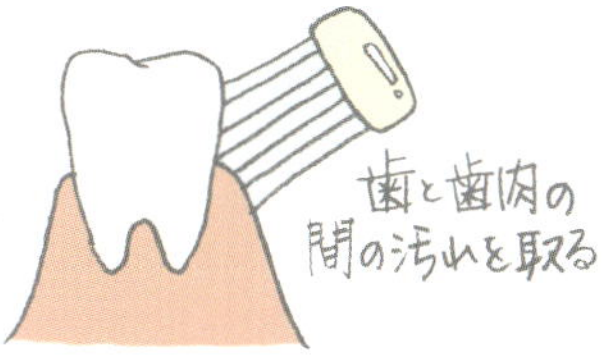

デンタルフロスを使う

歯ブラシでは届かない歯と歯の間の汚れを、デンタルフロスを使って落とします。のこぎりをひく要領で、歯の表面をこすります。

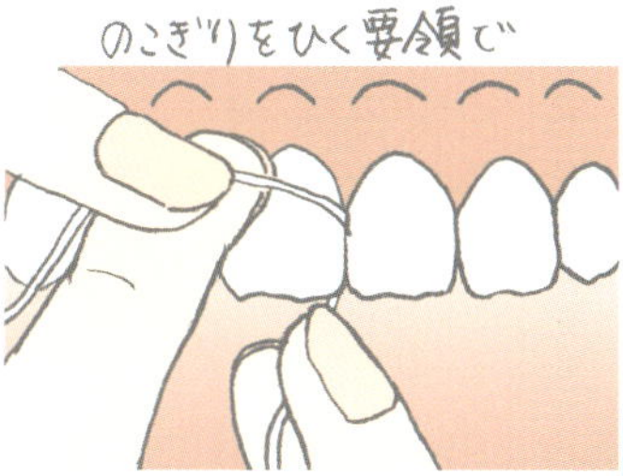

毎食後、寝る前に欠かさずリンスを

歯周病菌を除去するリンス。細菌は寝ている間に増殖するので、食後はもちろんのこと、寝る前のリンスを欠かさず、取り入れるようにしましょう。

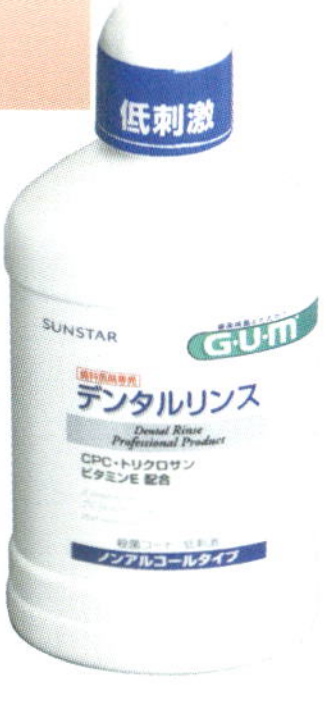

CHECK

歯ブラシだけで十分？

歯の表面は磨けていても、歯と歯の間には汚れが残っています。デンタルフロスを使って、汚れを落として。

歯肉に注意！

加齢とともに歯肉が弱くなっていきます。ピンク色をした張りのある歯肉をキープしましょう。赤く腫れたり、膿が出ていたら要注意です。

歯ブラシの硬さは「ふつう」？

自分の歯に不適切な歯ブラシを選んだ場合、歯の表面に着色が起こる場合もあります。

歯科医院で定期検査を

歯は定期的に診てもらうようにしましょう。歯磨きの方法や適切なアドバイスをもらって歯を清潔に保ちます。歯石を除去することも歯周病予防には大切です。

指導していただきました

医師　林美穂先生

歯科・林美穂医院、医院長。ICOI（国際口腔インプラント学会）会員など、多数の歯科学会会員でもある。「定期的に歯科医の指示をもらうことをおすすめします」

西出 薫

2か月で20キロの減量に成功した秘訣を教えます

あせらずに自分に言い聞かせながら健康的にスタイルアップ

ダイエット＆スキンケアトレーナーとして、食事管理と運動法、メンタル面の強化で、ダイエットをサポートしてきました。体重を減らすことよりも、健康的な体作りを目指しています。簡単に言うと、カロリーを燃焼しやすい体を運動によって作っていくのです。過剰な食事摂取をしない限り、リバウンドがないことも特徴です。

現在の基礎代謝量をもとに、食事と運動でカロリーをコントロールしていきます。数字を追っていくので、ダイエットの意識もアップ。無理な食事制限は肌が荒れるなど、後で後悔するので、おすすめしません。食事は9品目を目指して1日3食摂るので、病気にも強くなります。

ダイエットにはサポートが必要です。欲望が生まれたり、辛くなったりして、自分に負けそうになるときに、一緒にがんばってくれる人がいれば、安心してダイエットを続けられます。精神的な強さも得られ、目標達成後は何においても、ダイエットの成功が自信になります。

ダイエット中、サプリメントは強い味方。満腹感を感じられ、過食を抑えられるものもあります。余分なカロリーは体外へ排出し、必要なビタミンや食物繊維を補給できるのもメリットです。

Let's Try

デイリープログラムで
健康的な生活

基本的な体作りを紹介します。
体重をグラフにすると、意欲が高まります。

BMI数値

肥満度の判定方法にBMI数値があります。体重(kg)／身長(m)²で計算します。自分の肥満度を知りましょう。

体重(kg)／身長(m)²	
22	標準値
18.5未満	やせ
18.5～25未満	標準
25～30未満	肥満Ⅰ
30～35未満	肥満Ⅱ
35以上	高度肥満

朝・寝る前に体重を計る

体重の変化を毎日チェックします。できれば朝と寝る前に、2度体重を計り、毎日記録するようにします。

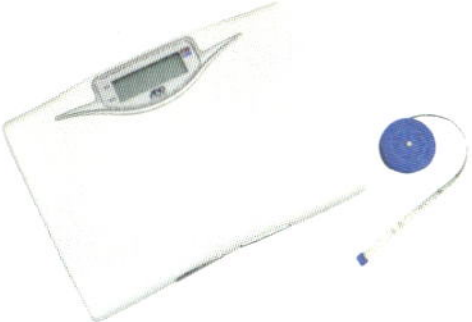

9品目をバランスよく

9品目をきちんと摂ることが理想的です。難しいときは、野菜と果物をたくさん摂り、炭水化物と糖質を少なめに。

運動

基礎代謝量が低いと、摂取したエネルギーを消費できず、太りやすい体に。1日1時間以上歩き、階段を使うなど工夫して。

サプリメント

サプリメントでダイエットをサポート。満腹感を与える食物繊維のサプリで、余分な食欲を抑えることに努めましょう。

CHECK

白米から玄米に
白米に比べてカロリーが低く、ミネラルが豊富。よく噛んで食べることで満腹感を得られます。

糖質・炭水化物を徐々に減らす
摂り過ぎは太る原因に。少しずつ減らし、変わりに野菜と果物をたくさん摂りましょう。

基礎代謝量・運動消費量を知る
身長、体重、年齢などで変わる数値。自分の値を知ることで、安心してダイエットできます。

よく噛んで食べる
早食いはダイエットには禁物です。消化に悪く、満腹感を得られません。よく噛んで食べること。

趣味を持つ
楽しみを持つことで、気分をリフレッシュできます。スポーツの趣味だと一石二鳥です。

朝にコップ1杯の水
人肌ぐらいの水を起きてすぐに飲むと、体内にスーッと流れます。体を浄化し、便通もスムーズに。

浜野由佳

乗馬レッスンで体を柔軟に

馬に乗ることで全身の筋肉をくまなく鍛えることができる

乗馬には健康を促進するための、さまざまな効果があります。ヨーロッパでは古くから、「乗馬療法」としてリハビリなどに利用されているようです。

乗馬には、背筋をまっすぐに伸ばした美しい姿勢が必要です。姿勢を維持すると、お腹や背中、腰まわりの筋肉が鍛えられ、腰痛防止にもなります。馬から落ちないようバランスをとる際に、太ももの筋肉も鍛えられます。そのほか、手綱をコントロールする腕の筋肉、馬に合図を送る脚の筋肉など、乗馬をしながら全身の筋肉をくまなく鍛えられ、体全体が引き締まります。

また、馬の歩行によるリズミカルな振動が腰まで伝わり、股関節まわりの筋肉がほぐされます。さらに、自然と股関節が正しい位置に戻されるので、体内の血液の循環がよくなり、こりも解消できます。うまく乗れるようになれば、有酸素運動にもなりますし、馬の動きに瞬時に対応するため集中力も養われます。

家に帰っても、乗馬の姿勢を心がけています。体が鍛えられていくうちに、乗馬も少しずつ上達している気がします。おかげで馬とのコミュニケーションもうまくとれるようになりました。

Let´s Try

楽しい、うれしい馬の効果
乗馬エクササイズ

**楽しいだけじゃない！
乗馬で鍛えられる部位を紹介！**

上半身はリラックス
お尻はギュッと締めて

脚

左図／上半身はリラックスして背筋を伸ばします。またがっているだけで筋力が高められ、骨盤の歪みも解消できます。右図／鞍に安定して乗るには、恥骨周辺と膝の内側を締めることが必要。

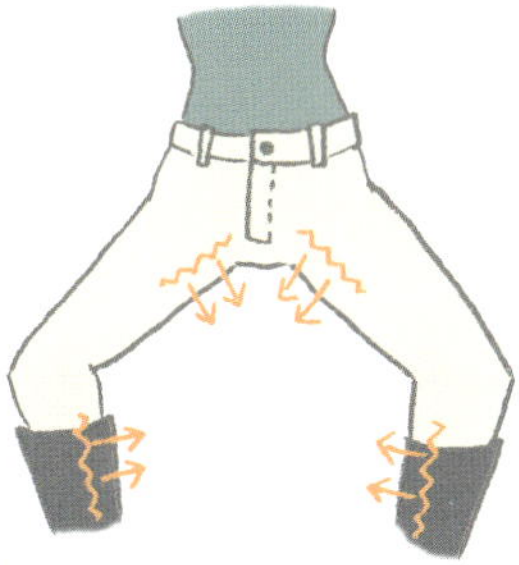

背を伸ばす

下腹＆お尻

休憩のときはお腹まわりを持ち上げ、胸を前に出すように意識して、腰と背を伸ばします。バランスを保ちながら力を抜けるようになれば、お腹とお尻はきれいに締まります。

二の腕＆バスト

肩の力を抜いて、肩の前から胸の上あたりを意識すると、大胸筋が鍛えられ、バストアップに。馬の動きに合わせつつ、手綱を静定することで、腕が自然に鍛えられます。

馬を停止させる動作

指導していただきました

コーチ 桐原陽子さん

乗馬クラブクレイン東京、インストラクター。「美しい姿勢が自然に備わり、気持ちもリフレッシュできます。年齢に関係なく、いつまでも楽しめます」

佐藤祐美

バランスボールで体を芯から鍛えます

ボールの弾力を活用してコアマッスルを鍛えます

バランスボールの基本姿勢をキープすることからはじめます。これだけでも体を芯から鍛えることができます。

まず、バランスボールにただ乗って、ボールの感覚に慣れます。転がらないように気をつけながら、ボールの弾力を確かめます。

そして基本の座り方。背筋を伸ばして、腹筋に力を入れ、ボールの中央に座ります。バランスをとろうと、無意識に力が入るようになります。普段あまり使うことのない腰やお腹まわりの筋肉が鍛えられ、徐々にウエストが引き締まっていきます。

また、ボールの上でバランスをとっているうちに、歪んでいた体が、自然に元の状態へ正されていきます。歪みが改善することで、血液の循環がよくなり、新陳代謝がアップします。

コアマッスルが鍛えられることで、普段の歩き方や立ち姿にも凛々しさが備わります。

エクササイズの内容や難易度を自分で調節できるのもバランスボールの魅力。バランスをとれるようになったら、ボールに座ってストレッチしたり、腹筋や背筋の運動にトライして。

Let´s Try

ボールでエンジョイ！

簡単バランスボール エクササイズ

きちんと座ることからはじめましょう。

1 正しく座る

ボールの真ん中に座り、背筋を伸ばします。ポイントはお腹に力を入れること。手はボールを押さえます。

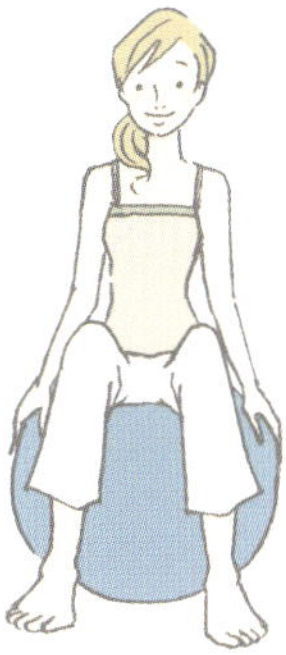

2 片脚を上げる

基本の座り姿勢から左脚を上げます。背中のラインと足がL字になるように伸ばし、5秒キープ。次に右脚も。

3 片脚を上げ、両手を広げる

右脚を上げたまま、手を横に広げます。手を広げてバランスをとるようにします。次に左脚で行います。

4 下半身を動かす

上半身は動かさず、ボールを前、後ろに転がし、次に右、左と転がします。ポイントは骨盤を意識すること。

中原三枝

毎日自分の体を
しっかりチェックします

鏡を積極的に見て
スタイルの変化に敏感に

理想的なスタイルを保つために、毎日体形をチェックしています。まず体重計は積極的に乗るようにしています。年を重ねると、運動不足になりがちで、代謝機能も低下していくことから、太りやすい傾向にあります。普段から体重計に乗ることで、意識が高められます。

さらにスタンドミラーで体形をチェックすることを心がけています。お尻が下がっていないか、猫背になっていないか、無駄な肉がついていないか。自分がどう映っているかを確認します。後ろ姿も忘れずに見ます。自分の体形を正しく認識することが、改善の第一歩ですから。

さらに姿勢を正して、品のある振る舞いを鏡を見ながら実践します。ひとつひとつの動作をていねいに行うことで、しなやかに見えます。

お風呂に入る前も、横、後ろと、余分な脂肪がついていないか確認します。体の変化に気づいたら、即座に適したケアを施して、ベストのスタイルをキープするように心がけています。

鏡があれば、スタイルのチェックを心がけます。服装が乱れていないかも確認し、ファッションがしっくりこないときは、アクセサリーをプラス。後ろ姿も鏡にどう映っているか、忘れずにチェック。

Let´s Try

きれいになるためには心がけを
体形を保つための4つのポイント

ボディバランスの秘訣は意識にあります。

1 鏡を見る、置く

人から見られるという意識を持ちます。自分がどう映っているのか確認し、きれいに見えるにはどうしたらいいか考えます。

鏡

2 入らなくなったパンツをはく

きつくなってしまったパンツをあえてはき、体重に変化はなくても、体形が変わったことを再確認します。

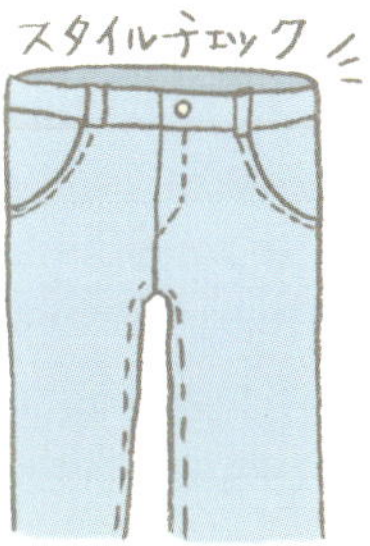
スタイルチェック

3 できるだけ階段を選ぶ

運動をする時間を作れないときには、なるべく歩き、常に階段を選びます。簡単に軽い運動ができ、心肺機能も鍛えられます。

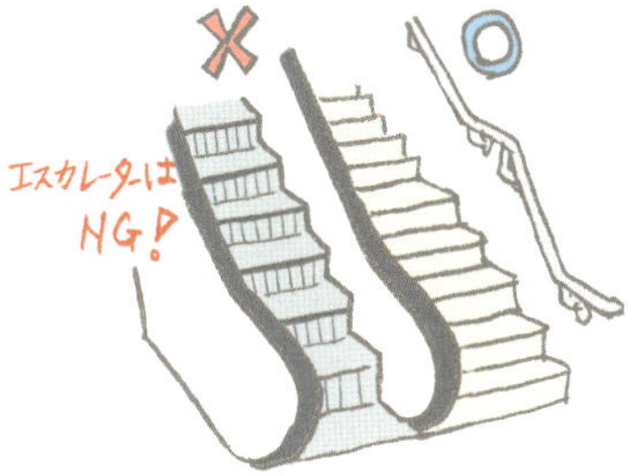
エスカレーターは
NG!

4 お尻を意識して締める

お尻の内側に力を入れて締めると、自然と下腹もへこみます。1日100回以上行います。

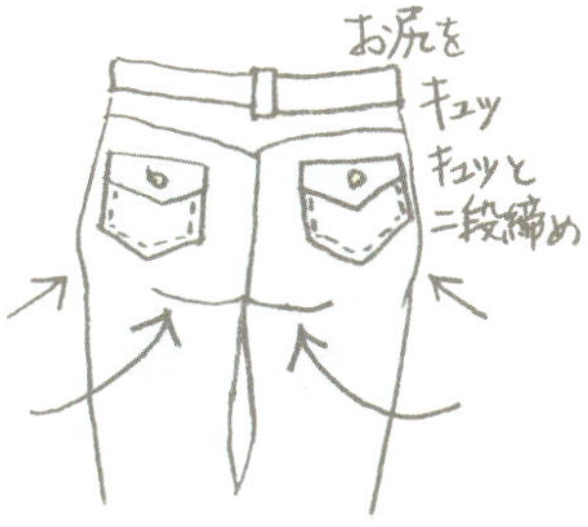
お尻を
キュッ
キュッと
二段締め

菅野安希子

こだわりファッションはキレイママの秘訣です

子どもがいても、主婦でもエレガントスタイルを志して

私にとって育児とは、「子どもを育てる」というより、「子どもとの生活を楽しみながら、自分も育っていく」という感覚です。だからファッションも「ママであることを楽しんでいる」ことが、コンセプト。

洋服を選ぶときの最優先ポイントは、子どもの動きに対して柔軟に対応できるかどうか。これをクリアしたら、あとはデザイン重視。子どものためにも、きれいなママでいたいですから。例えば、動きやすいけどフェミニンなスカート、脚のラインがきれいに見えるパンツ、カジュアルすぎないドライビングシューズ…など。ほどよくスタイリッシュなものを選びます。子どものファッションにも、ママのテイストを生かします。最近は、子ども服もオシャレなものが多いですから、選ぶのも楽しいです。

散歩がてら、デパートにもよく出かけます。ウインドウショッピングは、ママにだって必要な時間。子どもにお出かけのマナーを身につけさせる、よい機会でもあります。

ストールはおしゃれアイテムとして、その日のファッションのアクセントになります。また子どものブランケットになったり、膝かけになったりと便利です。

Let's Try

スタイリッシュな輝きを放つ
エレガントママのお出かけ

ママのこだわりポイントを教えます。

1 組み合わせを遊ぶ

ボトムスがデニムなら、トップスを女性らしくフェミニンにコーディネートします。トップスにさりげなく流行を取り入れるのが私流。

2 ローファーシューズ

ヒールの低い靴であれば、動きやすく子どもの動きに柔軟に対応できます。走りやすく、安全な靴を基本に、おしゃれなものを選びます。

3 デザインヘアアクセサリー

かわいいアクセサリーを選んで、生活感を感じさせないようにしています。お気に入りはアガタのクリップです。友だちにもすすめています。

4 キュートな子どもグッズ

子ども用の小物は、デザイン性と実用性を兼ね備えたものを選んでいます。ねずみのシューズカバーは抱っこしたとき、服を汚さずに済みます。

5 おしゃれママバッグ

バッグはどうしても大きいものになります。毎日持ち歩くものだからこそ、ワンランク上のデザインのバッグなどを選ぶと、差がつきます。

6 ママ友だちとランチ

友人とお茶したり、ランチしたり、出かける時間を作っておしゃれの意識を高めています。自然と子どもにも、外でのマナーが身につきます。

中原三枝

ファッションで自分らしさを演出します

目的に応じた服選び ファッションで気持ちを表します

大人のファッションにはTPOが大切。その場の雰囲気にふさわしい服装をするよう、常に心がけています。とはいえ、流行のポイントも押さえておきたいもの。トレンドアイテムと定番のものを組み合わせて、着こなしの幅を広げられると便利です。

着こなしのポイントは、小物づかい。帽子やスカーフをプラスするだけで、洋服のイメージが変わります。ネックレスや指輪を流行りのものに変えるだけでも、イメージチェンジになります。

また、ファッションの評価は自分ではなく、他人がするもの。自己満足では悲しいので、他人の意見は真摯に受け止めるようにしています。特にセンスがいい人には、積極的にアドバイスをもらっています。出かけたときに、おしゃれな人を見かけたら、見習うようにもしています。

今までの着こなしにとらわれず、これからの自分をイメージして、「新しい私」ファッションを目指していきます。

ベルトを見せることで、腰高に見え、ウエストも細く感じられます。アクセサリーは、大ぶりなネックレスでカジュアルにも、スタイリッシュにも演出できます。

Let´s Try

ワンランク上を目指す
目的別・大人のファッションスタイル

目的に合わせたスタイル作りを教えます。

より若々しく

パンツのサイドラインは脚を長く、細く見せます。ウエストまわりは、存在感のあるベルトでアクセントを。

品よくスタイリッシュに

フェミニンなカットソーには、シンプルな白ジャケットを合わせます。長めのウッドネックレスがポイント。

カジュアルで大人っぽく

後ろ姿に技アリの細身ジャケット。飾りベルトでウエストをマークしているから、着やせ効果も。

女性らしく積極的に

すっきりとした首元のジャケットとスカートのツーピース。シックなコーディネートに女性らしさをプラス。

指導していただきました

スタイリスト 川島展長さん

écruスタイリスト。「自分らしさを大切に、ファッションで個性を演出します。メイクアップツールになれば幸いです」

大工原 忍

和装の着こなしはTPOに合わせます

年齢に合わせて着物の生地選びもこだわりを持って

着物を上手に着こなすためには、まずは着物について学ぶことからはじめます。着物の種類や格、ルールなど最低限の知識がないと、自分にふさわしい着物、場にふさわしい着こなしを選ぶことはできません。

着物の選び方は基本的に、洋服選びと一緒。フォーマルから普段着まで、TPOに合わせた装いが鉄則です。会食やお茶会など普段の外出着には、紬、お召、上布などが適しています。今回着ている紬は、素朴な風合いのものや無地感覚のもの、光沢感のあるものなど、織りの風合いによって、さまざまなシーンで楽しめます。

今回の着物は大島紬。パステル調の淡いピンクや水色の彩色が際立つ織りです。帯揚げは着物のピンクに色調を合わせ、帯はシックに大人らしく。

着物遊びのひとつに帯選びがあります。帯を先に決めて、着物を合わせるという楽しみ方です。帯は着物の中心に位置するので、とても目を引きます。また全体の印象も帯次第でがらりと変えることができるので、こだわりたいものです。装いの仕上げは、センスの光る帯結び。自分で結べるようになると、もっと着物が好きになります。

Let's Try

気にしておきたい
着物の着崩れ

着物に着慣れていないと、着崩れてしまいます。
どこに注意したらいいかポイントを押さえましょう。

衿

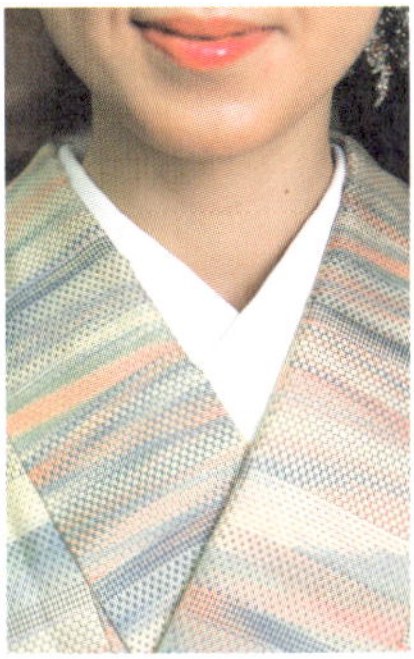

衿合わせが乱れたときは衿元を押さえながら、おはしょりの衿先を静かに下へ引きます。両脇から手を入れて引っ張り、衿元を整えます。

衣紋

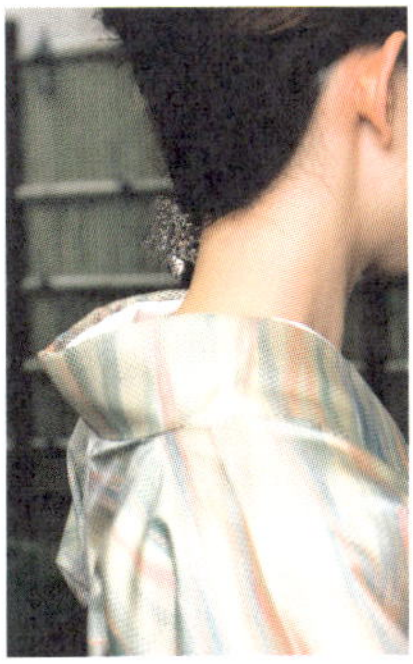

衣紋（首の後ろと衿の間の空間）がつまってきたら、位置を正します。後ろのおはしょりを引っ張って、握り拳ひとつ分の空きにします。

おはしょり

おはしょりが崩れていないか気をつけます。また衿元を整えたときに、長くなったおはしょりは帯の間にきちんと入れるようにします。

CHECK

帯に組み合わせたい 帯揚げ、帯締め

かわいらしく着たいとき

女性らしく見せたいときには帯揚げを赤に。帯締めは茶色とさわやかな黄緑色の網みひもを選びます。

渋く上品に見せたいとき

帯揚げと帯締めの色柄をモダンな和柄に揃えます。同系色でまとめれば、さらに落ち着きが備わります。

大工原 忍

真の和装美人は振舞い方にあります

普段着よりも
つつましい意識を持って

着物のときは、洋服のときとは意識を変えます。立ち方や歩き方、手のさばきなど、大胆な行動は絶対NGです。せっかくの着物姿も台無しになるだけでなく、着崩れの原因にもなります。

例えば階段では、片手で褄を少し持ち上げて、上り下りします。椅子に座るときは、浅く座り、背筋をしっかり伸ばします。振袖の場合は、座ったら両袖は体の前で重ねておきます。また袖から出る手元は、指先をきちんと揃えているとより一層きれいな印象に見えます。

持っておくと便利なのが、ハンカチ２枚とクリップ。ハンカチは食事のときのナフキン代わりになりますが、着崩れの応急処置にも使えます。帯がぶかぶかになって、ずれてしまったときに帯と着物の間にハンカチを入れて、補正します。クリップはトイレのときに、両袖の袂、裾をまとめて帯に留めるのに便利。トイレを済ませたら、裾よけ、長襦袢、着物、袖の順にゆっくり下ろしていきます。

撮影のときは、手先は人さし指を伸ばすことで、しなやかに見えます。そしてカメラ側の肩を前に落とします。体は少し斜めぎみに、背筋を伸ばして立ちます。

Let´s Try

より美しく見える
着物姿

意識の持ち方は、着物姿にもきちんと表れます。
NGも把握して、真の着物美人を目指しましょう。

立ち方

下腹をへこませて、頭の上を糸で吊られているような意識で、背筋を伸ばして立ちます。

帯に重心を取られて、猫背にならないこと。肩も丸めてしまったら、姿が美しくありません。

歩き方

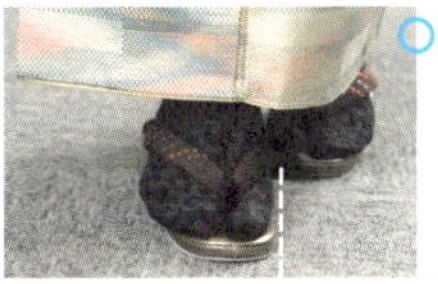

足の指先に力を入れて重心を前にします。まっすぐに歩きます。

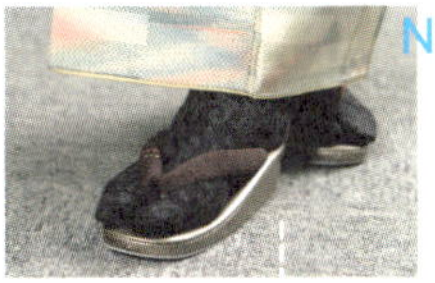

外股にならないこと。また、一歩を大きく出さないようにします。

かばんの持ち方

かばんはあまり遊ばせず、着物からなるべく離さないように意識して持ちましょう。

日頃の落とし穴

手を上げる、袂を気にしない

袖から長襦袢や腕が見えてしまうのは恥ずかしいこと。吊り革を持つときは、袖口を押さえます。

頭から車に乗り込む

車はお尻から腰かけるように乗車します。両足を揃えて、お尻を重心に回転して座ります。

ストールを首に巻く

着物の美しさは首元にもあるので、首は隠さずに。ストールは衿に沿わせるときれいに見えます。

浜野由佳

馬と触れ合い 心と体に安らぎを

馬の温もりを肌で感じ 「かわいい」と声をかけることも大切

愛情の注ぎ方や接し方次第で、馬は心を開いてくれるので、まずは肩の力を抜くことからはじめました。

穏やかな気持ちで馬の体に触れ、なでると馬は喜んでくれるようです。また馬の上に乗るときには適度な緊張感を持ち、体のバランスを平衡に保ちます。うまくいかないとお互いに心地よくありません。これは気持ちにも通じることで、心地よく乗れたときは馬も同じ気持ちです。

馬の嫌がることをしない、ということも大切なポイント。見えない位置に立つと怖がるので、目の届くところに立ちます。馬は臆病な面も持っています。でも、驚かすようなことをしない限り、人間にもなついてくれます。馬、すなわち相手を思いやることを通して、コミュニケーション力を高める勉強にもなりました。

乗馬後はブラッシングなどをして、信頼関係を作ります。褒めてあげることで、愛情はさらに深まります。そして馬を思いやる気持ちは自分に還ってきます。

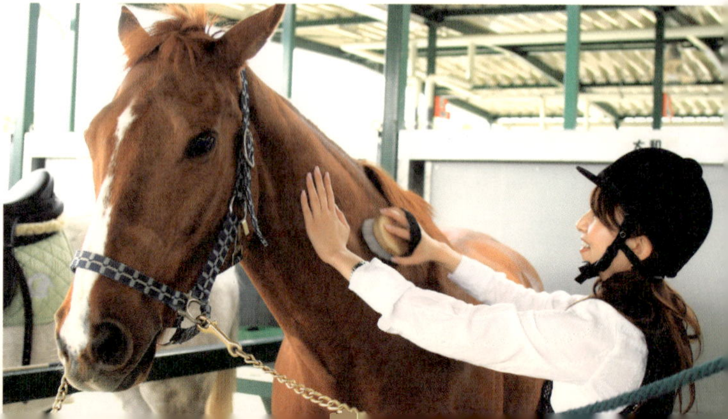

乗馬前と終わりには、馬にブラッシングをして、コミュニケーションをはかります。乗馬後には、にんじんなどごほうびも忘れてはいけません。馬の世話は自分の内面の手入れでもあります。

Let´s Try

馬ともっと心を通わせるために

乗馬を楽しむ

馬の持つ温かさに触れると、心が穏やかになります。
乗馬の楽しみ方のポイントを教えます。

楽しく一緒に歩く

楽しい気分で馬を引いて歩くと、馬も同じくうれしそうに歩きます。馬のリズミカルな足音が心地よく感じられます。

歩くテンポを心地よく感じる

馬が歩くと、その振動がゆりかごの動きのように気持ちよく伝わります。心はもちろん腰もほぐされます。

point

椎間板がよりしなやかに

馬の動きは強弱があり、腰にやさしい動きをします。椎間板に理想的な弾力が備わります。

馬に話しかけ褒めてあげる

人間と一緒で馬も褒められるとうれしいものです。スキンシップをとることで馬も成長し、人の心も穏やかになります。

間接の屈伸でリラックス

関節を伸ばしたり、曲げたりなど柔軟な動きが身につきます。筋肉の緊張を緩和し、心地よさを実感できます。

指導していただきました
乗馬クラブクレイン東京
コーチ　桐原陽子さん

村田しのぶ

野菜ジュースは基本！
アスリートのためのクッキング

果物と野菜は摂りやすい
メニューにして積極的に食卓へ

夫がスポーツ選手のため、食事管理には気を抜けません。献立は、彼の体調に合わせ、栄養バランスを考えて決めるようにしています。肉や魚も偏りなく、食卓に出します。同じものを食べている家族みんな、自然にスタミナがつき、風邪をひかなくなりました。

野菜ジュースやミックスジュースは手作りにこだわっています。ミキサーを使うのはもちろん、みかんやグレープフルーツは手で絞って、フレッシュな果汁を味わっています。にんじんやトマトを使うと子どもが喜ぶので、家族みんなが無理なく、ヘルシージュースを楽しんでいます。

ほかにも主食のご飯には、栄養機能食品を加えています。玄米の10倍のビタミンEが摂取でき、抗酸化作用が高まり、サビない体作りに役立っています。

開幕の日には縁起よく、赤飯と尾頭付きの鯛でごちそうを作ります。食卓には花を飾り、ケーキも用意してコーディネート。家族の年間行事になっています。

体のエネルギーになるご飯に栄養機能食品を加えて、ビタミンEを補っています。ビタミンEは体内の抗酸化作用を高め、疲れを取るのに最適です。十穀も加えて、ヘルシーに。

Let´s Try

体作りの栄養源は野菜と果物

アスリートのための ビタミンレシピ

栄養をきちんと摂ることが食生活の基本です。

冷蔵庫には野菜と果物を欠かさない

トマト、バナナ、きゅうり、みかんは冷蔵庫に常備しています。食欲のないときでも食べやすい食材です。

ドレッシングは何種類も常備

イタリアン、フレンチなどのドレッシングを数種類用意して、野菜を食べやすくします。

具だくさんみそ汁

具だくさんの野菜みそ汁は、これ一杯でおかずになり、おいしくて食べやすいと好評です。

ゴマを振りかける

ミネラル、ビタミンと栄養豊富なので、ゴマが合う料理には何でもかけています。

ミキサーでジュースに

朝食の基本。好みの野菜や果物をミキサーにかけて、牛乳を加えて仕上げます。

CHECK

ほかにこんなことも

肉は茹でる·グリル焼きで油を抜く

余分な脂を摂り過ぎないように、茹でたり、グリルで焼いたりなど工夫して、脂を落とします。

肉と魚も欠かせない栄養

肉と魚もまんべんなく摂ります。肉と野菜を混ぜて、サラダ仕立てにしたものはおすすめです。

牛乳を飲む

子どもの成長と野球選手の骨のために重要です。朝に飲むことで便秘解消にもなります。

疲れたときはチョコと和菓子

甘いものもときには取り入れています。摂り過ぎないよう注意し、お茶の時間を楽しみます。

鈴木加奈子

サプリメントとお粥で栄養バランスをとります

自分に足りないビタミンはサプリメントで
ほっとしたいときにはお粥

子どもが成長期をむかえたことで、サプリメントを取り入れるようになりました。小さい頃から少食だったので、医師にきちんと相談して、栄養補給にサプリメントを利用しています。おかげで私も必要に応じて、取り入れるようになりました。ビタミンCからはじめて、今ではビタミンE、B群の配合剤とアミノ酸細胞賦活用薬を、健康維持に補給しています。

そして大事な栄養源がお粥です。白いご飯が好きなのですが、食べ過ぎは太る原因になるので、お粥に変えてみたのです。消化によく、お腹にもやさしいのでおいしく食べています。少ない量で、お腹いっぱいになるので、とってもヘルシーです。

お粥は、ひと手間かかるので、忙しいときは無理して作りません。お粥を作るときは、ゆとりがある証拠なので、食べるときはより幸せを感じます。いろいろな具材のトッピングも楽しんでいます。

食事で足りない栄養をサプリメントで補っています。摂るようになってから、体の不調もなくなり、風邪にも強い体に。かかりつけの医師に処方してもらっています。

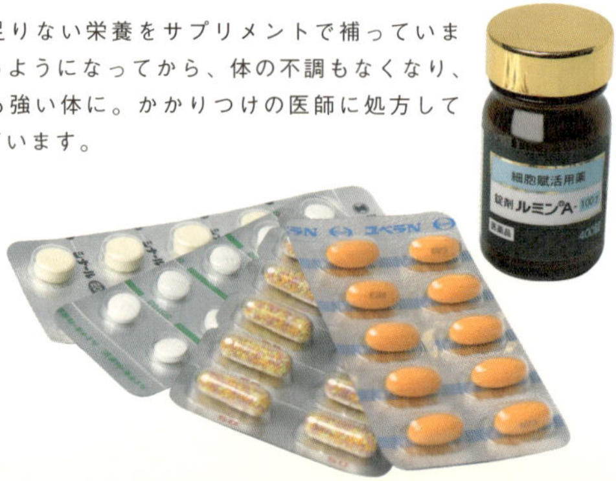

Let´s Try

体にやさしい、美しさの栄養源

お粥レシピ

基本はお米からですが、時間を短縮したいときは、炊いたごはんから作っています。

基本のおかゆ

基本のおかゆ：お茶碗1杯分のご飯を鍋に入れて、ご飯に対して2倍量の水を注ぎます。市販の白だしを少々加えて、弱火で15分ほど煮れば、基本のおかゆのでき上がりです。

何度でも食べたくなる

基本のおかゆの仕上げの２～３分前に、桜の塩漬けをそっと添えて蒸らして、でき上がり。

豆の食感を噛みしめて

あずきはパッケージの作り方通りに作ります。基本のおかゆの仕上げの５分前に加えて、でき上がり。

健康的な黄色と緑を添えて

おかゆとにら、ゴマ油少々を鍋に入れて煮ます。残り３分でうずらの卵を落とします。

心と体にやさしく

基本のおかゆと一緒にそば茶を大さじ１入れて、煮ます。プチプチの食感を楽しめます。

浜野由佳

自分へのごほうびは毎日宝石デザート

好きなものは我慢せずに おいしく、楽しくティータイム

好きな食べ物はケーキ！　カフェやパティスリーに、よく足を運びます。多いときは１日に２～３個食べることもあるんです。お気に入りのお店やお菓子がどんどん増えて、今ではかなりのケーキ通かも。お店限定のケーキや旬のもの、新作などには特に惹かれます。さらに選んだケーキに紅茶やハーブティーなど、ドリンクの組み合わせも楽しんでいます。

ケーキは創作性が高く、デコレーションも魅力のひとつ。美しく飾られた１個のケーキは、まるで芸術品のようにいつも目を楽しませてくれます。そしてケーキを口に入れた瞬間、とろけるようなおいしさが広がり、とても癒された気分になります。

疲れているときもケーキを食べると元気が出て、ストレス解消になります。おいしく、楽しく時間を過ごすことで、エネルギーが溢れ、幸せを感じます。

そこに友人との会話が加わると、最高のティータイム。そんな時間を私は大切に過ごしています。

お店までは散歩気分で。ちょっと疲れたときに食べるケーキの味は最高！　また、新作や旬のケーキが登場すると、とってもうれしい気分に。

Let´s Try

ひとときの幸せ 宝石デザート

目で味わって、食べて堪能できる
おすすめのケーキをご紹介します。

撮影／浜野由佳

ア・ロード・ローズ

野バラのジュレ入りアールグレーとホワイトチョコレートの2層ムース。ドリンクはハイビスカスティー。お店はシェ松尾・三宿パティスリー。

赤いフルーツのタルト

ベリー類がフレッシュな甘酸っぱいタルト。サクサクした食感の生地も◎。quil-fait-bonは大のお気に入りの店。タルトがイチ押しです。

フロマージュブラン

フロマージュブランを軽いムース仕立てに。フランボワーズのクリームとともに。お店のLA TABLE de Joël Robuchonは食事も最高です。

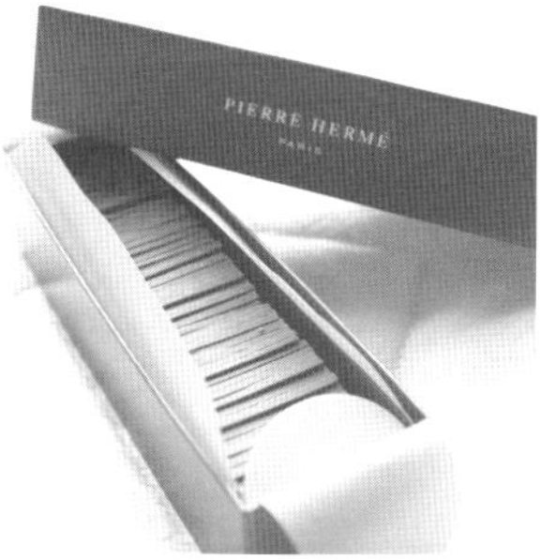

ミルクチョコレート

青山にあるチョコレート店、PIERRE HERMÉ。口に入れた瞬間に溶ける、まろやかな味に癒されます。持ち帰りにして、食べています。

鈴木ひとみ

集中力、精神力は瞑想によって高めています

瞑想のおかげで心にゆとりが生まれます

射撃は集中力と精神力がカギになります。大会でも1位～10位ぐらいまで、得点は毎回僅差の世界で、精神的な強さが必要になってきます。そこで出会ったのが瞑想です。

瞑想の理論と基礎だけを講座で身につけて、自己流で行っています。毎日やることがベストですが、できる範囲で、20分の時間を見つけて行っています。スポーツをしていない方にも、瞑想はとてもおすすめです。

悩みや問題などを抱えながら生きている人は多いと思います。自分で解決しなければならないときに、立ち止まってしまうことも多いでしょう。そんなとき瞑想をすると、気持ちがスッと楽になります。心にゆとりが生まれ、焦りが消え、自分らしさを見い出すきかっけにもなります。

もちろん集中力と精神力は今でも課題ですが、課題があるからこそ、「やってみよう」という気持ちが起こります。問題を新しい挑戦として受け止められるようになったのも瞑想のおかげだと思っています。

いつもの環境で、リラックスしながらやると、瞑想が深まります。目を開けた瞬間、心と体が楽になっていることを実感できます。1日20分の時間を作るようにしましょう。

Let´s Try

1日20分だけで心が浄化される
精神力を高める瞑想

あなたが今抱えている、悩みや問題を前向きに
考えられる余裕が生まれます。

1 1日20分だけでいい

20分の時間を作ることからはじめましょう。毎日じゃなくてもOK。

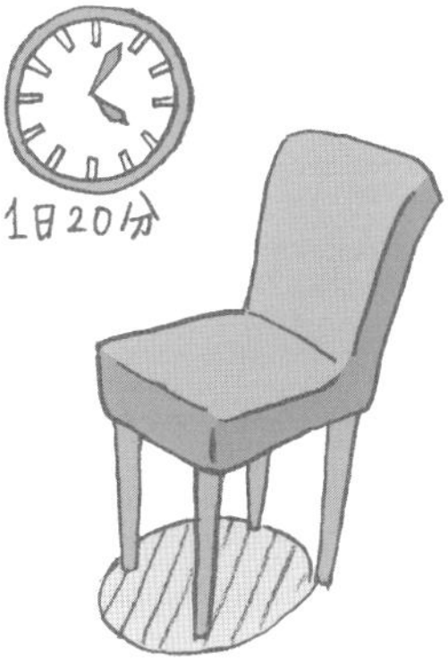

2 最初の5分は眠るように目を閉じる

はじめの5分間は目を閉じます。できれば何も考えずに、ただ目を閉じましょう。

3 好きな言葉、希望などを連想

次に10分間、好きな言葉やなりたい自分、希望や理想、願いなど繰り返し瞑想します。口に出さないようにしましょう。

4 残り5分、目を閉じる

最初の5分間と同様に、目を閉じて、何も考えないようにします。

CHECK
瞑想のコツ

全身の力を抜いて

いつも座っている椅子など、リラックスできる環境でやります。目を開けたときは、すがすがしさを感じます。

やらなくても罪悪感を感じないで

毎日ではなくても、時間を見つけられたときにやればOK。20分間が理想的ですが、10分からでも、気持ちは少し楽になります。

ほかのことを考えてもいい

瞑想中にまったく別のことを考えてしまう場合も、罪悪感を感じなくてもよいのです。思い出したかのように、瞑想に戻りましょう。

長坂靖子

ムーンサイクルセラピーで体内リズムは快調です

月の満ち欠け周期と生理的リズムの関係を組み合わせて

ムーンサイクルセラピーとは、月の満ち欠けのサイクルとパワーを利用したものです。新月に向かって、欠けていく時期は、体内の不必要なものを排出する機能が高まるといわれています。逆に満月に向かって、満ちていく時期は体に必要なものを摂り入れる機能が高まるとされています。そこで、欠けていく月の時期に毒素排出（デトックス）プログラムを行っています。

例えばミネラルウォーターは硬水を選んで、利尿作用を高めます。ハーブティーやフラワーエッセンスを摂取して発汗を促したり、疲れを取るなどしています。おかげで全身から毒が流れ出るような気分で、気持ちが清らかになります。ほかにも足浴や半身浴などを行い、新月に向かう9日間、体のメンテナンスを行って、リセットしています。

そして最後の新月の日は、毒素排出プログラムの集大成を行います。最も解毒作用が高まる日。プチデットクスメニューで体内清浄し、美肌を手に入れます。

シナモン、菊、ラベンダーなど、フラワーエッセンスをハーブティーのように飲みます。毒素排泄だけでなく、リラックス効果を高めることもできます。

Let´s Try

体内デトックス＆エネルギー補給
ムーンサイクルセラピー

新月に向かって欠けていく時期に
毒素排泄効果が高まります。今すぐデトックス！

デトックスWEEK

体の排出機能が最高潮になる「新月」の９日前からはじめます。９日間必ずやることは①〜③。プラス効果を狙うなら④⑤もおすすめです。新月の日は、⑥プチデトックスメニューでラストスパート。

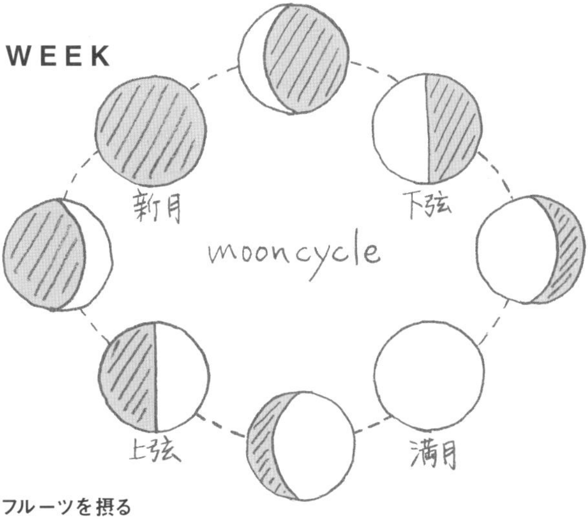

①たくさんの野菜とフルーツを摂る

野菜とフルーツを積極的に摂ります。消化しにくい肉は避けて、魚介類を食べるようにします。

②水分を積極的に摂る

硬水や鉄観音茶、カモミールなど水分をたっぷり摂って、体の不必要なものを流しましょう。

③フラワーエッセンスを飲む

フラワーエッセンスとは、野花や特別な場所に咲く花のエネルギーを、水に転写させたもの。高いリラックス効果を得られます。

④バスタイム

浴槽の中にバスソルトや天然塩を入れたり、日本酒を入れて、老廃物の排出を促します。

⑤カモミールアイパック

煮出したカモミールのティーバッグを冷やします。横になり、まぶたの上にのせて、保湿します。

⑥プチデトックスメニュー

朝／豆乳アボカドゴマバナナヨーグルトジュース、フルーツハーブティー
昼／納豆、サラダ（セロリ、きゅうり、キャベツ、レタス、クレソン、かぶなど。ドレッシングはオリーブオイルと塩、こしょう、レモン）、ヨーグルトとフルーツ、ハーブティー
おやつ／ドライフルーツ、ハーブティー、フルーツ
夜／サラダ、ベジタブルスープ、ヨーグルトとフルーツ、ハーブティー

わたしの
beautyレシピ
INNER-BEAUTY

鈴木ひとみ

チョコレートで おいしくダイエット

カカオマス70%以上の チョコレートで気分転換

好きなチョコレートでダイエットできるんなんて一石二鳥。おいしいから、とても楽に行えました。今まで食べていたミルクチョコレートを、乳脂肪分をカットした、カカオ含有量70%以上のものに変えるダイエット法です。あとは食事制限はせずに、3食きちんと食事を摂ります。

ミルクチョコレートに含まれる乳脂肪分が、太る原因。乳脂肪分を断ち切ることで、1か月で効果は表れました。

苦めのチョコレートに食べ慣れていたので、乳脂肪分をカットした味にも、すぐになじめました。食前にチョコレートを少量食べることで血糖値を上げ、その後の食欲を抑えることができます。注意したいのが、やはり食べ過ぎ。チョコレートなので、食べ過ぎると太ってしまいます。多くても板チョコレート半分ぐらいでやめましょう。

チョコレートにはアミノ酸、食物繊維、ビタミンEなどたくさんの栄養素が含まれています。さらに甘い香りには集中力と記憶力を高める効果もあるといわれています。仕事中の気分転換にとても適したデザートです。

今ではすっかりカカオ70%や90%のものが、“私のチョコレート”になっています。ダイエットが終わっても、健康を維持するために、続けています。

Let´s Try

甘いものを食べてもいい
チョコレートダイエット

チョコレートを食べられて間食もOK、
食事の制限もない、うれしいダイエット法です。

ポイント

①朝食・昼食・夕食で栄養をきちんと摂る
②カカオ70％以上のチョコレートを１日50g
③食欲のある人は食前に、食事の量を減らしたいときは食べ終わった後に

カカオポリフェノール

チョコレートの主成分カカオに含まれています。カカオ70％以上のものは乳脂肪分を抑えてあり、甘みが少なく低カロリーです。血糖値がすばやく上昇するので食欲が抑えられ、ダイエット効果を期待できます。さらに、老化の原因にもなる活性酸素を除去する働きにも注目です。集中力や記憶力を高めたり、疲労回復などにも効果があるといわれる食品です。

動脈硬化予防

血液中に潜伏する悪玉コレステロールの除去に働きます。活性酸素による動脈硬化の進行を防ぐ作用があります。

ストレス解消

ストレスによって増加する、ホルモンの分泌を抑えます。さらには、ストレスに対する抵抗力を高めます。

がん予防

抗酸化作用によって、細胞ががんに侵されるのを防ぐといわれます。さらに免疫力を高めて、発がんの予防にも効果が。

アレルギー対策

抗体や炎症を起こす物質や活性酸素の発生を抑え、アレルギーに対する免疫力を高める効果もあります。

日頃の落とし穴

ミルクチョコレート
ホワイトチョコレートの次にミルクチョコレートの乳脂肪分が多い。カロリーも高い。

いつでもチョコレート
食べ過ぎは太る原因に。さらに皮脂の分泌が促され、吹き出物の原因になります。

村田しのぶ

よい水を摂ることとチタンアイテムにトライしています

ミネラル水にチタンアクセサリー、ともに夫と取り入れています

健康的な生活が送れているのは、夫と2人の子どものおかげだと実感しています。

プロ野球の選手たちがごく普通に使っている酸素水など、いち早く知り、毎日の生活に取り入れることができました。酸素水は、体に溜まった老廃物の排泄を促し、疲労回復に効果があります。飲むだけでなく、料理にも使用しています。使用頻度が高いので、今ではサーバーを備えて、気軽に飲めるようにしています。ほかにも疲労回復に効果があるというお酢を紹介してもらい、夏バテに悩むことはなくなりました。子どもが飲む牛乳や乳酸菌飲料を、一緒に飲むようになってから、腸の働きもよくなりました。

最近、夫からもらって試しているのが、チタンアイテムです。肩のこりが解消されて、疲れを感じません。体の動きもしなやかになり、体調がよく、以前よりも子どもをスムーズに抱きかかえることができるようになりました。

各方面で活躍するプロスポーツ選手も使っているとか。自宅にいるときだけ、ブレスレットをつけています。体も気分も軽くなった気がします。こりも解消できています。

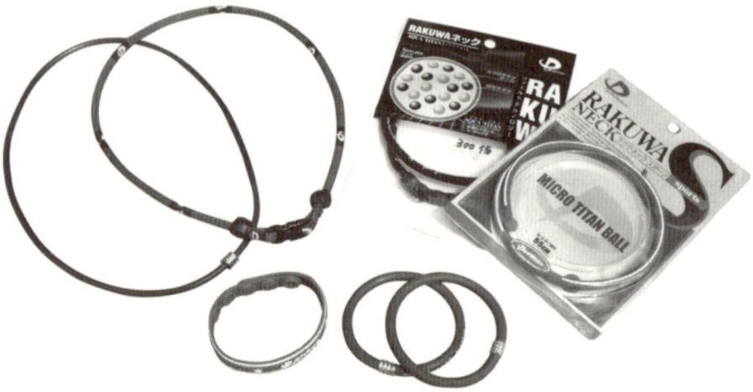

special thanks

今回、ご協力いただいた方々の問い合わせ先です。

p55フットセラピー　フットセラピー
長坂さんご紹介。フットセラピー・マイスタースクールの直営、
足ツボ&ボディケアのサロン、新宿東口店。整顔オステオパシーなど。
0120-210-149　㊟東京都新宿区新宿3-21-6龍生堂ビルB2F
http://www.foottherapy.jp/index.html

p69美容皮膚科　本田六本木クリニック
長坂さんご紹介。コスメブランド「DiaLa」を共同開発する。六本木、沖縄、仙台、高松、
中国にクリニック開院。美容外科、ボディーソルブを専門とする。
☎03-3408-1801(完全予約制)　㊟東京都港区西麻布3-5-2 グラーサ西麻布205
「DiaLa」の問い合わせは→http://www.diala.jp/

p73ネイルサロン　Camis
宮崎さんご紹介。エステサロン「サロン ド セレヴィーナ」内に併設。
ケアカラーコース(¥4,725)、ペディキュアコース(¥5,250)など。
☎03-5774-1541　㊟東京都港区南青山5-1-3 青山ラミアビル5F
http://www.celevenus.co.jp/

p79衣装　ウィッテム
長坂さんがp79に着ていた、スポーツウエアブランド。体にフィットしつつ、
着心地も重視。問い合わせはウィッテム原宿プレスルームへ。
☎03-6418-5086　㊟東京都渋谷区神宮前6-23-2 第8SYビル4F

p81ウォーキング　日本ウォーキングセラピスト協会
長坂さんご紹介。美と健康の両面からアプローチ。目的に合った正しい歩き方、
身体の歪み改善法、美しい立ち居振る舞いを指導。http://walking.bz/

p83ダンス　E.E.A
宮崎さんご紹介。MASAKOさんが教えるStreetJazzは
火曜(～上級)と水曜(初中級)。充実した時間が過ごせる大人気のレッスン。
☎03-5465-0750　㊟東京都渋谷区上原 1-7-20グランアクス代々木上原1F
http://www.eea-jp.com/

p87エステサロン　サロン ド セレヴィーナ
宮崎さんご紹介。スペシャルケアをはじめ、コースは10種類以上。
個人の悩みに合わせて、やすらぎを与えながら徹底的に対処する。
☎03-5778-3691　㊟東京都港区南青山5-1-3 青山ラミアビル5F
http://www.celevenus.co.jp/

p135フィットネス　30×30(サーティ・サーティ)自由が丘
佐藤さんご紹介。筋力アップトレーニング、脂肪燃焼プログラム(運動面・栄養面)
などのコースも充実。パーソナルトレーニングも行う。
☎03-5752-0333　㊟東京都世田谷区等々力6-5-11 カサデリア自由が丘1F
http://wisefit.co.jp

p137歯科　歯科・林美穂医院
中原さんご紹介。インプラント、審美歯科治療、歯周病治療などを専門に行っている。
香りと癒しの空間で、歯を健康に導く。
☎092-736-6020(完全予約制)　㊟福岡県福岡市中央区大名2-6-5天神西通り館4F
http://www.m-hayashi.jp/index.html

p141乗馬　乗馬クラブクレイン東京
浜野さんご紹介。体験コースや乗馬ライセンス取得コースなどがある。
全国にクラブを持つので、ぜひ乗馬にチャレンジしてみては。
☎042-737-5600　㊟東京都町田市真光寺町1227番地　http://www.uma-crane.com

p147和食　神泉いちのや
菅野さんご紹介。うな重(¥2,800)など、焼きたて絶品のうなぎを堪能できる。
個室もあるので、お子さん連れでもくつろげる店内。
☎03-5459-6862　㊟東京都渋谷区神泉町20-22

p149衣装　écru(エクリュ)
中原さんご紹介。常に前向きに、自分らしさを大切にする女性たちに、
シンプルでインターナショナルなスタイルを提案する。
☎092-733-2172　㊟福岡県福岡市中央区天神1-7-11 イムズ2F

p149スタイリング　STYLISH SCHOOL
中原さんご紹介。個人の魅力を再発見、再認識し、最大限に引き出して、
自己表現できるためのステージを提案していきます。
㊟福岡県福岡市中央区舞鶴1-8-23-1307　http://www.stylishschool.com/

“美容は生きかた。”

12人の原動力

彼女たちを支えてきたエネルギーのひとつに、美しい言葉があります。
心にある“キレイ”の源を紹介します。

自分を信じること
からはじめれば、
“自信” は自然と
備わってくる。

宮崎京

“Reconforter”
音楽が
私自身の力です。

石坂直美

を　伝　え　ま　す。

どんなときも笑顔で、
常にいいオーラを
放っていたい。

大工原忍

いつでも
そのときの
自分自身の状況を
最大限楽しむ。

菅野安希子

どのような女性に
なりたいか
迷いのない
眼差しの人は美しい。

長坂靖子

長坂靖子 YASUKO

家族がいるから、
私はまだまだ
成長できる。

村田しのぶ

村田しのぶ

12 人 の 原 動 力

怖がらずに挑戦して
いこう。反省しても
悔いが残らないよう
今日が最後の日だと
思って、毎日を
大切に生きていこう。

西出薫

西出薫

当たって砕けても、
前に進む気持ち
さえあれば、
新しい世界は広がる。

佐藤祐美

佐藤祐美 yumi smile!

趣味を充実させて、
幸せを自分でつくる。
思いたったら
行動して、
今を楽しむ。

浜野由佳

時間をかけて
工夫して、
今日の自分を
一生懸命つくる。
縁を大切に、明日へ
繋げよう。

中原三枝

を伝えます。

今自分が欲しいものは
何か、なぜそこに
たどり着けないのか。
そのときと同じ行動を
してないか。

鈴木加奈子

幸せを
感じているときの
心から滲み出る表情が
本当のキレイ。

鈴木ひとみ

あとがき

　この本は、年代や職業を問わず、すべての女性に捧げるビューティ本です。

　美の可能性は無限にあり、それを構築するのはあなた自身です。本書にご紹介したレシピを、あなたの美しさのエッセンスにしていただけたら、このうえない幸せです。

　外見だけでなく、インナービューティの重要性を認識したとき、内から輝く、その人らしさを表現したオリジナルビューティを実現できます。例えば、美術品や絵画を見たり、よい人間関係を構築したり、美しい言葉を発したり、おいしいものを食べたり……。向上心を持って経験するすべてのことが、内面を輝かせることにつながり、結果「内から輝く美しさ」を手にすることができます。

　価値基準が多様化するなかで、「美しさ」の基準はさまざまです。しかし、赤ちゃんにミルクをあげる母親の姿、困った人に手を差し伸べる姿、ひたむきに仕事に打ち込む姿などが誰の目にも美しく映るのは、輝く内面が動作に表れているからです。つまり、単なるテクニックだけでは、他人の心を打つことはできないのです。

　メイク、スキンケア、エクササイズなどのテクニックに加え、日常生活をどのように過ごすか、すなわち人生をどのように過ごしていくかという内面の充実を忘れてはなりません。内と外とのバランスがとれている人こそ「美しい」といえるのではないでしょうか。

　この本にご登場いただいた女性たちは年代や職業、ライフスタイルもさまざま。彼女たちの共通点はひとつ、「世界大会3大コンテストの歴代ミス・ジャパン入賞者」であることです。

　それぞれ「美のポリシー」を持ち、日々の生活のなかで自分なりの「美しさ」を養っている女性たちです。美の親善大使として世界大会に出場し、美しさの価値観を考えさせられ、自分自身のあり方を模索して過ごした任期中の一年間。その経験をいかし、それぞれの道を進んでもなお、美しくあることを実践する彼女たち。彼女たちとは、任期終了後も親交を深め、お会いするたびに、パワーをいただいて元気づけられています。そのパワーの源は、外見のみならず「内面も美しいから」ということは言うまでもありません。

多忙極まりないみなさん、ご協力いただきまして、本当にありがとうございました。

美しくあることは、私自身模索中ですし、これから年齢を重ねるごとに魅力的でチャーミングな女性になっていきたいと思っております。また、自身の美を養うこと以上に、最近では第三者の美しさのプロデュースに興味を抱き、活動しています。

最後に、出版に際しご尽力いただきました大橋一陽先生に深く感謝いたします。先生は、日本と外国の文化交流に造詣が深く、国内外でご活躍されています。各国大使館との文化交流、ミス・インターナショナルの各国代表来日の際に、日舞などの体験を通して、日本文化の紹介など、文化交流をさまざまな方面よりアプローチされています。

多くの方々のお力添えにより出版できましたこと、心より感謝いたします。

そして、この本を最後まで読んでくださったあなた。本当にありがとうございました。この本の売り上げの一部は、日本ＵＮＨＣＲ協会の広報委員でもある、宮崎京さんを通じまして、寄付させていただきます。

あなたの考える「美しさ」を最大限に発揮し、年齢を重ねるごとに輝きを増し、豊かな人生を送ることができますように！

すべての女性たちに贈ります。

長坂靖子

ビューティープランナー
長坂靖子
1990準ミス・ワールド日本代表。
株式会社インプレックス代表取締役。
日本ウォーキングセラピスト協会代表。
「姿勢・ウォーキング」を専門に、
ビューティセミナー、マナー講座で指導する。
企業に対してのビューティコンサルティングも行う。
現在、コスメブランド「Dia La」(ディアラ)を立ち上げ、
国内、海外で幅広く活動をする。

美容は生きかた。
2006年7月19日　第1刷発行

編者　長坂靖子
発行者　阿部英雄
発行所　株式会社教育評論社
〒103-0001 東京都中央区日本橋小伝馬町2-5 FKビル
TEL03-3664-5851 FAX03-3664-5816
http://www.kyohyo.co.jp
印刷製本　文化堂印刷株式会社

©Imprex CO.,LTD.2006,Printed in Japan
ISBN 4-905706-04-1 C0076

定価はカバーに表示してあります。
本書の無断複写(コピー)・転載は、著作権上での例外を除き、禁じられています。
万が一落丁本・乱丁本の場合は送料当方負担でお取替えいたします。
小社制作部宛にお送りください。